Projet OCDE/G20 sur l'érosion de la base d'imposition et le transfert de bénéfices

I0888200

Neutraliser les effets des dispositifs hybrides impliquant une succursale, Action 2

CADRE INCLUSIF SUR LE BEPS

OCDE
DES POLITIQUES MEILLEURES POUR UNE VIE MEILLEURE

Ce document et toute carte qu'il peut comprendre sont sans préjudice du statut de tout territoire, de la souveraineté s'exerçant sur ce dernier, du tracé des frontières et limites internationales, et du nom de tout territoire, ville ou région.

Merci de citer cet ouvrage comme suit :
OCDE (2017), *Neutraliser les effets des dispositifs hybrides impliquant une succursale, Action 2 : Cadre inclusif sur le BEPS*, Projet OCDE/G20 sur l'érosion de la base d'imposition et le transfert de bénéfices, Éditions OCDE, Paris.
http://dx.doi.org/10.1787/9789264278813-fr

ISBN 978-92-64-27880-6 (imprimé)
ISBN 978-92-64-27881-3 (PDF)

Série : Projet OCDE/G20 sur l'érosion de la base d'imposition et le transfert de bénéfices
ISSN 2313-2620 (imprimé)
ISSN 2313-2639 (en ligne)

Les données statistiques concernant Israël sont fournies par et sous la responsabilité des autorités israéliennes compétentes. L'utilisation de ces données par l'OCDE est sans préjudice du statut des hauteurs du Golan, de Jérusalem-Est et des colonies de peuplement israéliennes en Cisjordanie aux termes du droit international.

Crédits photo : Couverture © ninog – Fotolia.com

Les corrigenda des publications de l'OCDE sont disponibles sur : *www.oecd.org/about/publishing/corrigenda.htm*.

Avant-propos

L'intégration des économies et des marchés nationaux connu une accélération marquee ces dernières années, mettant à l'épreuve le cadre fiscal international conçu voilà plus d'un siècle. Les règles en place ont laissé apparaître des fragilités qui sont autant d'opportunités pour des pratiques d'érosion de la base d'imposition et de transfert de bénéfices (BEPS), appelant une action résolue de la part des dirigeants pour restaurer la confiance dans le système et faire en sorte que les bénéfices soient imposés là où les activités économiques sont réalisées et là où la valeur est créée.

À la suite de la parution du rapport intitulé *Lutter contre l'érosion de la base d'imposition et le transfert de bénéfices* en février 2013, les pays de l'OCDE et du G20 ont adopté en septembre 2013 un Plan d'action en 15 points visant à combattre ces pratiques. Les 15 actions à mener s'articulent autour de trois principaux piliers : harmoniser les règles nationales qui influent sur les activités transnationales, renforcer les exigences de substance dans les standards internationaux existants, et améliorer la transparence ainsi que la certitude.

Après deux ans de travail, des mesures en réponse aux 15 actions ont été délivrées aux dirigeants du G20 à Antalya en novembre 2015. Tous ces rapports, y compris ceux publiés à titre provisoire en 2014, ont été réunis au sein d'un ensemble complet de mesures, qui représente le premier remaniement d'importance des règles fiscales internationales depuis près d'un siècle. La mise en oeuvre des nouvelles mesures devrait conduire les entreprises à déclarer leurs bénéfices là où les activités économiques qui les génèrent sont réalisées et là où la valeur est créée. Les stratégies de planification fiscale qui s'appuient sur des règles périmées ou sur des dispositifs nationaux mal coordonnés seront caduques.

La mise en oeuvre est désormais au centre des travaux. L'application des mesures prévues passe par des modifications de la législation et des pratiques nationales et par l'adoption de nouvelles dispositions conventionnelles. La négociation d'un instrument multilateral a abouti en 2016 pour faciliter la mise en oeuvre des mesures liées au traité, et 67 pays ont signé l'instrument multilateral le 7 juin 2017, ouvrant la voie à une mise en oeuvre rapide des mesures liées aux traités. Les pays de l'OCDE et du G20 ont également décidé de poursuivre leur cooperation en vue de garantir une application cohérente et coordonnée des recommandations issues du projet BEPS et de rendre le projet plus inclusif. La mondialisation exige de trouver des solutions de portée mondiale et de nouer un dialogue mondial qui va au-delà des pays de l'OCDE et du G20.

De ce fait, l'OCDE a établi un Cadre inclusif sur le BEPS, rassemblant sur un pied d'égalité tous les pays et juridictions intéressés et engagés dans le Comité des affaires fiscales et ses organes subsidiaires. Le Cadre inclusive, qui compte déjà 100 membres, contrôlera la mise en oeuvre des standards minimums à travers les examens par les pairs, et finalisera l'élaboration de normes pour résoudre les problèmes liés au BEPS. En plus des membres du projet BEPS, d'autres organisations internationales et organes fiscaux régionaux sont engagés dans le travail du Cadre inclusif, et les entreprises et la société civile sont également consultés sur différentes problématiques.

Une meilleure compréhension de la manière dont les recommandations issues du projet BEPS sont mises en pratique pourrait limiter les malentendus et les différends entre États. Une attention accrue portée à la mise en oeuvre des actions et à l'administration de l'impôt pourrait être bénéfique tant pour les États que pour les entreprises. Enfin, des solutions sont proposées pour améliorer les données et les analyses, ce qui permettra d'évaluer et de quantifier régulièrement l'impact des mécanismes d'érosion de la base d'imposition et transfert de bénéfices et les résultats des mesures issues du projet BEPS appliquées pour lutter contre ces pratiques.

Table des matières

Graphiques

Tableaux

Abréviations et acronymes

ATAD	Directive sur la lutte contre l'évasion fiscale (*Anti-Tax Avoidance Directive*)
BEPS	Érosion de la base d'imposition et transfert de bénéfices (*Base Erosion and Profit Shifting*)
CAF	Comité des affaires fiscales
ES	Établissement stable
OCDE	Organisation de Coopération et de Développement Économiques
PI	Propriété intellectuelle
R&D	Recherche et Développement
SEC	Sociétés étrangères contrôlées

Synthèse

Le Rapport *Neutraliser des effets des dispositifs hybrides* (Rapport sur l'Action 2, OCDE 2017) formule des recommandations en vue d'adopter des règles nationales visant à remédier aux asymétries de résultats fiscaux concernant des paiements effectués au titre d'un dispositif hybride. Les préconisations des chapitres 3 à 8 de ce rapport définissent des règles ciblant les paiements effectués par des entités hybrides ou à leur profit et qui donnent lieu à l'une des trois catégories d'asymétries mentionnées ci-dessous :

Le Rapport *Neutraliser des effets des dispositifs hybrides* (Rapport sur l'Action 2, OCDE, 2017) formule des recommandations en vue d'adopter des règles nationales visant à remédier aux asymétries de résultats fiscaux concernant des paiements effectués au titre d'un dispositif hybride. Les préconisations des chapitres 3 à 8 de ce rapport définissent des règles ciblant les paiements effectués par des entités hybrides ou à leur profit et qui donnent lieu à l'une des trois catégories d'asymétries mentionnées ci-dessous :

a. *effet de déduction/non-inclusion*, situation dans laquellele paiement est déductible selon les règles en vigueur dans la juridiction du payeur sans entrer dans le calcul du bénéfice ordinaire du bénéficiaire ;

b. *effet de double déduction*, situation dans laquelle un même paiement ouvre droit à deux déductions distinctes ; et

c. *effet indirect de déduction/non-inclusion,* situation dans laquelle le bénéficiaire impute sur le produit d'un paiement déductible une charge engagée dans le cadre d'un autre dispositif hybride.

Le Rapport sur l'Action 2 (OCDE, 2017) formule des recommandations spécifiques visant à améliorer les législations nationales de manière à réduire la fréquence de telles asymétries, ainsi que des règles ciblées sur les dispositifs hybrides qui ajustent les conséquences fiscales soit dans la juridiction du payeur, soit dans celle du bénéficiaire afin de neutraliser l'asymétrie sur laquelle ils reposent sans modifier aucune de ses autres conséquences fiscales, économiques ou réglementaires.

Le Rapport sur l'Action 2 (OCDE, 2017) examine les asymétries qui sont dues le résultat des différences de traitement fiscal ou de qualification d'un instrument ou d'une entité. Il n'étudie pas directement les problèmes similaires susceptibles de résulter de l'utilisation de structures faisant intervenir des succursales. De telles asymétries surviennent lorsque la juridiction de résidence (celle où le siège social est établi) et la juridiction de la succursale (celle où la succursale est établie) adoptent un point de vue différent sur la répartition des produits et des charges entre la succursale et le siège ; elles incluent les configurations dans lesquelles la juridiction de la succursale ne considère pas que le contribuable y dispose d'un établissement imposable.

Les asymétries impliquant une succursale sont la conséquence d'incohérences dans les règles nationales suivies pour déterminer le montant des produits et des charges soumis à l'impôt dans chacune des juridictions où le contribuable exerce des activités. Elles exploitent les différences entre les règles nationales appliquées pour déterminer si une entreprise est imposée dans une juridiction en particulier ainsi que le montant des produits et des charges à prendre en compte pour calculer l'impôt dû.

Par exemple, la juridiction de résidence peut inclure la totalité du revenu du contribuable à l'échelle mondiale (dont le revenu de l'ensemble de ses succursales étrangères) et accorder au contribuable un crédit d'impôt ou une exemption afin de supprimer la double imposition sur le revenu de source étrangère, alors que la juridiction de la succursale considère cette dernière comme une entreprise distincte et impose uniquement le revenu net qui lui est attribuable. Bien que ces deux approches pour le calcul du bénéfice net du contribuable dans chaque juridiction visent à ce que la totalité du bénéfice net du contribuable soit imposée dans au moins une juridiction (tout en évitant une double imposition du même revenu), elles peuvent permettre au contribuable de soustraire un élément de revenu à l'impôt ou de déduire deux fois le même élément de dépenses du bénéfice net dans les deux juridictions. Il se peut aussi qu'un ajustement opéré dans une juridiction ne soit pas pris en compte dans l'autre juridiction; réduisant le montant total du revenu que le contribuable est tenu de soumettre à l'impôt.

Les dispositifs hybrides impliquant une succursale peuvent être utilisés pour créer des asymétries similaires à celles visées par les recommandations du Rapport sur l'Action 2 (OCDE, 2017). Par exemple :

a. un paiement déductible effectué au profit d'une succursale ne peut entrer dans le calcul du revenu ni dans la juridiction de cette succursale, ni dans celle du siège (d'où un effet de déduction/non-inclusion analogue à celui décrit dans les chapitres 4 et 5 du Rapport sur l'Action 2 [OCDE, 2017]);

b. une succursale peut effectuer (ou être réputée effectuer) un paiement déductible au profit du siège social qui n'est pas pris en compte dans le calcul du bénéfice net du siège selon la législation de la juridiction de résidence (d'où un effet de déduction/non-inclusion analogue à celui décrit dans le chapitre 3 du Rapport sur l'Action 2 [OCDE, 2017]);

c. une même charge peut être considérée comme déductible à la fois selon la législation de la juridiction du siège et selon celle de la succursale (d'où un effet de double déduction analogue à celui décrit dans les chapitres 6 et 7 du Rapport sur l'Action 2 [OCDE, 2017]); et

d. une charge engagée dans le cadre d'un dispositif asymétrique impliquant une succursale peut être imputé sur le produit d'un paiement déductible (effet indirect de déduction/non-inclusion analogue à celui décrit dans le chapitre 8 du Rapport sur l'Action 2 [OCDE, 2017]).

Les dispositifs hybrides impliquant une succursale permettent aux multinationales de réduire leur charge fiscale globale en exploitant les différences entre les règles relatives à l'attribution des paiements entre deux juridictions, et soulèvent de ce fait les mêmes problèmes que les dispositifs hybrides en termes de concurrence, de transparence, d'efficience et d'équité. Bien que la décision d'un contribuable de créer une succursale soit généralement motivée par des raisons commerciales ou réglementaires (plutôt que fiscales), l'asymétrie qui survient dans le cadre de la structure impliquant la succursale découle du fait que le contribuable exploite à son profit les positions divergentes adoptées par la juridiction de résidence et par celle de la succursale concernant l'attribution des produits et des charges entre la succursale et le siège. Par exemple, dans le cas d'un paiement à une succursale qui ne serait pas attribué à cette dernière, l'asymétrie survient du fait que le bénéficiaire ne prend en compte le paiement ni dans la juridiction du siège, ni dans celle de la succursale. Dans le cas des structures impliquant une double déduction, le contribuable déduit la même charge dans différentes juridictions et impute cette déduction sur un bénéfice qui n'est pas imposé dans l'autre juridiction alors que, dans le cas d'un paiement réputé avoir été effectué par une succursale, le payeur dédommage généralement à des fins fiscales le bénéficiaire au titre d'un actif, d'une fonction ou d'un risque que le bénéficiaire ne considère pas détenir, accomplir ou prendre en charge.

Aucune asymétrie ne se produira dès lors que l'ensemble des juridictions adhèrent à des règles communes pour déterminer une présence imposable et pour attribuer les produits ou les charges à différentes parties de la même entreprise, et si ces règles sont appliquées de manière cohérente par le contribuable dans ces deux juridictions. De telles règles internationales constituent la solution privilégiée pour remédier à ces asymétries. Un certain nombre d'Actions du Projet BEPS prévoient de modifier les normes fiscales internationales de manière à réduire les possibilités de pratiques de BEPS découlant de ces types d'asymétries. Par exemple :

a. le Rapport sur l'Action 7 (*Empêcher les mesures visant à éviter artificiellement le statut d'établissement stable,* OCDE, 2016) contient des recommandations pour des modifications de la définition de l'établissement stable afin de lutter contre les techniques employées pour éviter indûment de créer une présence imposable dans la juridiction de la succursale ;

b. le Rapport sur les Actions 8-10 (*Aligner les prix de transfert calculés sur la création de valeur,* OCDE, 2016) présente les modifications à apporter aux Principes applicables en matière de prix de transfert afin que les prix de transfert des entreprises multinationales alignent mieux l'imposition des bénéfices avec l'activité économique.

En pratique toutefois, des écarts entre les règles (ou leur application) appliquées pour calculer le bénéfice net d'une succursale ou du siège continueront à exister dans les cas où les deux juridictions n'ont pas harmonisé leurs règles et leurs pratiques selon d'une norme commune.

Bien que la façon la plus complète et la plus efficace de remédier à ces différences d'attribution des bénéfices entre la succursale et le siège serait que l'ensemble des juridictions adhèrent à une norme unique pour l'attribution et le calcul du revenu des succursales, en l'absence d'une telle harmonisation, un pays ne peut pas protéger sa base d'imposition des risques soulevés par les asymétries impliquant une succursale simplement en adhérant à une telle norme. Ce rapport recommande de procéder à des ajustements ponctuels visant à neutraliser les possibilités de planification fiscale qui peuvent survenir dans les cas où les contribuables exploitent les différences dans la méthodologie employée pour calculer le bénéfice net de la succursale et du siège.

Compte tenu des similitudes entre les dispositifs hybrides et les asymétries faisant intervenir une succursale, de par leur structure comme de par leurs effets, les pays ayant adopté des règles concernant les dispositifs hybrides ont, dans le même temps, généralement choisi d'adopter un ensemble de règles équivalent et parallèle ciblant les asymétries impliquant une succursale[1]. Ces règles suivent la même analyse et appliquent les mêmes solutions que celles décrites dans le Rapport sur l'Action 2 (OCDE, 2017) pour neutraliser les asymétries qui surviennent dans le contexte d'une succursale. L'adoption d'un ensemble unique de règles concernant les dispositifs hybrides et les asymétries impliquant une succursale vient garantir l'intégrité de l'approche commune exposée dans l'Action 2 en alignant le traitement de ces deux types d'asymétries et, ce faisant, en empêchant les contribuables de passer de dispositifs hybrides classiques à des dispositifs impliquant une succursale afin de préserver les mêmes avantages fiscaux.

Le 22 août 2016, le Comité des affaires fiscales (CAF) a diffusé un document de consultation consacré aux dispositifs hybrides impliquant une succursale[2] qui invitait les parties intéressées à commenter les recommandations portant sur des règles relatives aux asymétries impliquant des succursales de nature à aligner le traitement de ces structures sur le traitement des dispositifs hybrides décrit dans le Rapport sur l'Action 2 (OCDE, 2017). Les recommandations figurant dans le présent rapport ont été préparées à la lumière des commentaires reçus sur ce document de travail et des modifications que les pays ont apportées à leur législation depuis la publication du Rapport sur l'Action 2 (OCDE, 2017).

L'introduction de ce rapport décrit les différentes catégories de dispositifs hybrides impliquant une succursale traitées par ce rapport; les chapitres 1 à 5 établissent les recommandations portant sur des modifications spécifiques à apporter à la législation nationale et sur des règles relatives aux asymétries impliquant des succursales qui permettraient d'harmoniser le traitement fiscal de ces dispositifs avec l'approche commune exposée dans le Rapport sur l'Action 2 (OCDE, 2017).

L'Annexe A résume les recommandations et l'Annexe B présente un certain nombre d'exemples illustrant l'effet attendu des règles préconisées.

Notes

1. Voir la nouvelle partie 6A de la loi TIOPA 2010 (Taxation International and other Provisions) entrée en vigueur au 1er janvier 2017 (les « UK Hybrids Rules ») et la Directive du Conseil de l'UE modifiant la directive (UE) 2016/1164 relative aux dispositifs hybrides faisant intervenir des pays tiers du 12 mai 2017 (« ATAD 2 »), http://data.consilium.europa.eu/doc/document/ST-6661-2017-INIT/fr/pdf (dernier accès le 19 juin 2017)

2. Voir « L'OCDE publie un projet pour commentaires portant sur les dispositifs hybrides impliquant une succursale (Action 2 du BEPS) (22 août 2016) : http://www.oecd.org/fr/fiscalite/aggressive/l-ocde-publie-un-projet-pour-commentaires-portant-sur-les-dispositifs-hybrides-impliquant-une-succursale-action-2-du-beps.htm (dernier accès le 8 juin 2017).

Introduction

1. Les asymétries impliquant une succursale surviennent lorsque les règles ordinaires qui régissent la répartition des produits et des charges entre la succursale et le siège social aboutissent à ce qu'une fraction du bénéfice net du contribuable échappe à l'impôt à la fois dans la juridiction de la succursale et dans celle de son siège. À la différence des asymétries hybrides qui résultent de conflits dans le traitement juridique d'entités ou d'instruments, les asymétries impliquant une succursale exploitent les disparités entre la manière dont le siège et la succursale comptabilisent un paiement effectué par la succursale ou à son profit. Dans la mesure où les asymétries impliquant une succursale reposent sur les disparités de traitement fiscalo-comptable plutôt que sur des différences de qualification juridique, la même structure juridique de base peut nécessiter l'application de règles relatives aux asymétries impliquant une succursale qui diffèrent en fonction du traitement fiscalo-comptable adopté respectivement par le siège et la succursale.

2. Le présent rapport distingue cinq sortes de dispositifs asymétriques impliquant une succursale :

a. les structures de succursale non prises en compte, dans lesquelles l'existence de la succursale ne se matérialise pas par un établissement stable (ES) ou une autre base d'imposition dans la juridiction où elle est implantée ;

b. les paiements à une succursale non attribués à cette succursale, dans lesquels la juridiction où la succursale est implantée reconnaît l'existence de cette dernière, mais considère que le paiement qu'elle a reçu doit être attribué au siège, alors que la juridiction du siège exonère fiscalement ce paiement au motif qu'il a été effectué au profit de la succursale ;

c. les paiements réputés avoir été effectués par une succursale, dans lesquels la succursale passe dans ses écritures un paiement qui aboutit à une asymétrie des résultats fiscaux entre les législations des juridictions du siège et de la succursale ;

d. les paiements d'une succursale donnant lieu à double déduction, dans lesquels une même charge est déductible en vertu de la législation de la juridiction du siège comme de celle de la succursale ;

e. les asymétries importées impliquant une succursale, par lesquelles le bénéficiaire impute sur le produit d'un paiement déductible une charge générée par un montage hybride impliquant une succursale.

Les asymétries impliquant une succursale peuvent survenir directement ou indirectement, lorsque, par exemple, un contribuable investit dans une structure transparente telle qu'une société de personnes.

Structures faisant intervenir une succursale recevant un paiement et donnant lieu à un effet de déduction/non-inclusion

3. Les deux premiers types d'asymétrie envisagés dans ce rapport sont les effets de déduction/non-inclusion qui se produisent lorsque la juridiction du siège considère qu'un paiement déductible est reçu par l'intermédiaire d'une succursale étrangère (et donc exonère ce paiement ou l'exclut du calcul du bénéfice ordinaire) alors que la juridiction de la succursale n'impose pas le bénéficiaire du paiement parce que :

a. dans le cas d'une structure de succursale non prise en compte, le bénéficiaire du paiement ne présente pas une base d'imposition suffisante dans la juridiction de la succursale pour être imposable sur ce paiement;

b. dans le cas d'un paiement à une succursale non attribué à cette succursale, la juridiction de la succursale exonère le paiement ou l'exclut du bénéfice imposable au motif qu'il est réputé avoir été effectué au profit du siège.

Ces deux structures sont examinées ci-dessous de manière plus détaillée.

Structure de succursale non prise en compte

4. Dans une structure de succursale non prise en compte, l'asymétrie découle du fait qu'un paiement déductible reçu par un contribuable est considéré par la législation de la juridiction du siège comme étant effectué au profit d'une succursale étrangère (et peut donc être exclu du calcul du bénéfice), tandis que la juridiction de la succursale ne reconnaît pas l'existence de la succursale et ne soumet donc pas le paiement à l'impôt. Le graphique 1 illustre ce type de structure.

Graphique 1. **Structure de succursale non prise en compte**

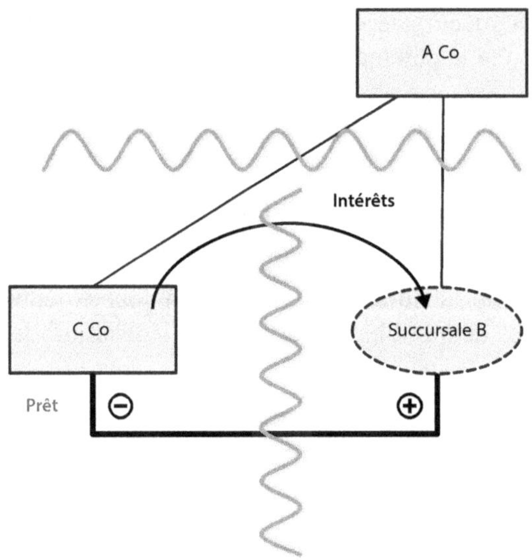

5. En l'espèce, A Co prête de l'argent à C Co, une société liée, par l'intermédiaire d'une succursale située dans le pays B. Le pays C autorise C Co à déduire les intérêts versés à B. Le pays A exonère les intérêts versés ou les exclut de l'assiette imposable parce qu'ils sont imputables à une succursale étrangère. Cependant, les intérêts perçus ne sont pas

imposés dans le pays B parce que A Co n'y dispose pas d'une présence suffisante pour y être imposable. Par conséquent, le paiement des intérêts crée une asymétrie intragroupe (effet de déduction/non-inclusion).

6. L'asymétrie qui se manifeste par une déduction/non-inclusion résultant d'une structure de succursale non prise en compte peut revêtir différentes formes; elle peut notamment provenir des règles nationales en vigueur dans chaque juridiction ou d'un conflit entre loi nationale et obligations conventionnelles. Par exemple :

a. le paiement des intérêts pourrait être considéré comme le revenu d'une succursale étrangère (et donc exonéré d'impôt) selon le droit interne du pays A sans pour autant être inclus dans le bénéfice en vertu du droit interne du pays B parce que la succursale ne constitue pas une base d'imposition dans ce pays au regard du droit interne de ce dernier;

b. la succursale pourrait être considérée comme un établissement stable en vertu de la convention fiscale entre les pays A et B de sorte que le pays A soit tenu d'exonérer d'impôt le paiement des intérêts en vertu d'une disposition équivalente à l'article 23A du *Modèle de Convention fiscale de l'OCDE concernant le revenu et la fortune : Version abrégée 2014* (Modèle de Convention fiscale, OCDE, 2015)[1] (en dépit du fait que cette succursale ne constitue pas une base d'imposition au regard du droit interne du pays B);

c. la succursale peut ne pas répondre à la définition juridique d'un ES en vertu de la convention fiscale entre les pays A et B, si bien que le paiement des intérêts reçus par cette succursale n'est pas soumis à l'impôt dans le pays B parce qu'une disposition équivalente à l'article 7 du Modèle de convention fiscale (OCDE, 2015) n'autorise pas le pays B à taxer les résidents du pays A en l'absence d'ES tel que défini dans cette convention. Cela peut être le résultat prévu par la convention, alors même que la législation nationale du pays A permet à A Co d'exonérer d'impôt ce paiement dans le pays A puisqu'il s'agit du revenu d'une succursale étrangère.

7. Les mécanismes et les effets fiscaux découlant du recours à une structure de succursale non prise en compte sont similaires à ceux d'une entité hybride inversée décrite dans les chapitres 4 et 5 du Rapport sur l'Action 2 (OCDE, 2017), en ce que la juridiction de la succursale comme celle du siège exonèrent le paiement ou ne l'incluent pas dans le bénéfice imposable au motif que ce dernier devrait être considéré comme perçu (et donc dûment soumis à l'impôt) dans l'autre juridiction.

Paiement à une succursale non attribué à cette succursale

8. Un paiement à une succursale qui ne serait pas attribué à cette succursale obéit au même schéma et produit les mêmes résultats qu'un paiement à une succursale non prise en compte, si ce n'est que l'asymétrie est due non pas à un conflit relatif à la qualification de la succursale, mais à une disparité des règles entre la juridiction du siège et celle de la succursale concernant l'attribution des paiements à la succursale. Le graphique 2 illustre le cas d'un paiement à une succursale non attribué à cette succursale. Cet exemple est identique à celui décrit dans le graphique 1, si ce n'est qu'à la fois la juridiction de la succursale et celle du siège reconnaissent l'existence de la succursale. L'asymétrie naît du fait que la succursale considère que les intérêts ont été versés directement au siège social dans le pays A alors que le siège continue de considérer que le paiement a été effectué au profit de la succursale. Par conséquent, ce paiement n'est soumis à l'impôt dans aucune des deux juridictions (d'où un effet de déduction/non-inclusion).

Graphique 2. **Paiement à une succursale non attribué à cette succursale**

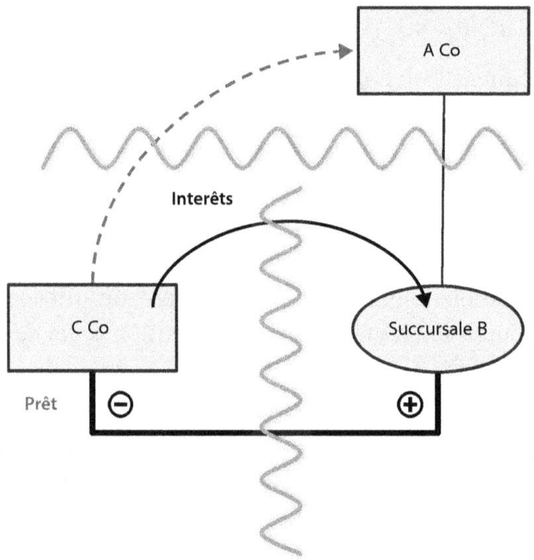

9. Cette asymétrie de traitement fiscal peut s'expliquer par des disparités entre les règles d'attribution des bénéfices à la succursale qui sont appliquées par les pays A et B (ou par une différence d'interprétation ou d'application de ces règles), ou encore par des règles propres au pays B qui exonèrent d'impôt ce type de revenu ou l'excluent de la base d'imposition de la succursale parce que le paiement est considéré comme effectué au profit d'un non-résident. À l'instar d'une structure de succursale non prise en compte, le mécanisme à travers lequel l'asymétrie fiscale survient est similaire à celui d'une entité hybride inversée en ce que les juridictions du siège et de la succursale exonèrent le paiement ou l'excluent du calcul du bénéfice imposable parce qu'elles considèrent qu'il devrait être considéré comme perçu par l'autre juridiction.

Paiements réputés avoir été effectués par une succursale

10. S'agissant des paiements à une succursale qui ne seraient pas attribués à cette succursale ou des paiements à une succursale non prise en compte, abordés ci-dessus, l'asymétrie survient lorsqu'un paiement déductible n'est pas inclus dans le bénéfice, que ce soit dans la juridiction du siège ou dans celle de la succursale. Néanmoins, il est également possible de générer une asymétrie interne entre la succursale et le siège lorsque les règles applicables dans ces juridictions concernant l'attribution du bénéfice net entre la succursale et le siège permettent au contribuable de comptabiliser un paiement réputé avoir été effectué entre la succursale et le siège sans appliquer l'ajustement correspondant au bénéfice net dans la juridiction bénéficiaire pour prendre en compte l'effet de ce paiement.

11. Le graphique 3 présente une structure illustrant un paiement réputé avoir été effectué par une succursale. Dans cet exemple, A Co fournit des services à une société non liée (C Co) par l'intermédiaire d'une succursale située dans le pays B. Les prestations fournies par la succursale font appel à des actifs incorporels sous-jacents qui appartiennent à A Co. Le pays B attribue la propriété de ces actifs incorporels au siège social et considère en conséquence que la succursale effectue un paiement au prix de pleine concurrence afin de rémunérer A Co pour l'utilisation de ces actifs. Ce paiement réputé effectué est déductible en vertu de la législation du pays B mais n'est pas reconnu par celle du pays A (parce que ce dernier attribue la propriété des actifs incorporels à la succursale). Dans le même temps, les

gains de la succursale rémunérant les prestations fournies sont exonérés d'impôt en vertu de la loi du pays A qui exonère dans ce pays les revenus des succursales ou les exclut du calcul du bénéfice imposable.

Graphique 3. **Paiement réputé avoir été effectué par une succursale**

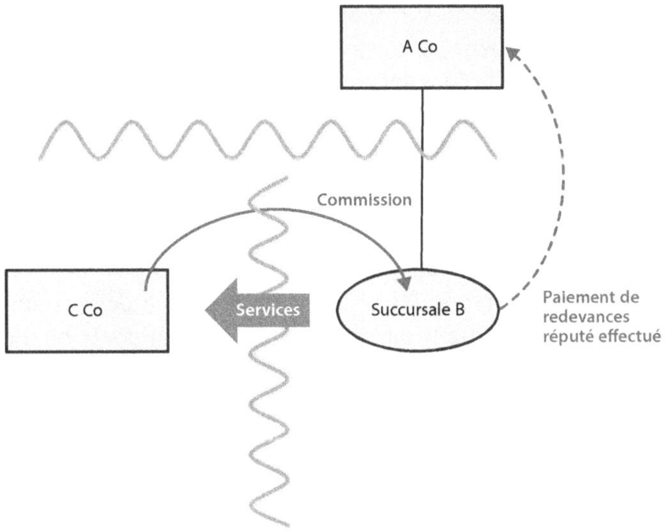

12. Le paiement réputé effectué générera une asymétrie intragroupe (c'est-à-dire un effet de déduction/non-inclusion) dans la mesure où la déduction est imputée sur le bénéfice de la succursale qui est exonéré dans le pays A (revenu non soumis à double inclusion). Un paiement réputé avoir été effectué par une succursale peut survenir uniquement dans les cas où les règles d'attribution du bénéfice net à la succursale ou au siège autorisent la comptabilisation de paiements notionnels entre différentes parties du même contribuable. La structure décrite ci-dessus implique un paiement de redevances réputé effectué, mais l'application des principes fiscaux ou comptables ainsi que des principes en matière d'affectation de revenu dans la juridiction de la succursale peut également donner lieu à d'autres paiements réputés effectués (sous forme d'intérêts par exemple) dont les conséquences fiscales sont similaires.

13. Cette asymétrie est analogue à celle qui se produit dans le cadre d'un paiement hybride non pris en compte décrit dans le chapitre 3 du Rapport sur l'Action 2 (OCDE, 2017). Dans ce cas, un payeur hybride (c'est-à-dire une personne considérée comme une entité distincte selon les lois de la juridiction du payeur mais comme transparente ou non prise en compte par le bénéficiaire du paiement) effectue un paiement déductible qui n'est pas pris en compte en vertu de la législation de la juridiction du bénéficiaire en raison du traitement fiscal transparent appliqué au payeur. La déduction résultant de ce paiement est ensuite imputée sur un revenu qui n'est pas soumis à l'impôt dans la juridiction du bénéficiaire du paiement (c'est-à-dire un revenu non soumis à une double inclusion).

14. La mécanique et les effets des paiements réputés avoir été effectués par une succursale sont quasiment identiques à ceux des paiements hybrides non pris en compte. La succursale peut prétendre à une déduction au titre d'un élément considéré comme une charge par la législation de sa juridiction ou par celle du payeur mais qui n'est pas pris en compte dans la juridiction du siège ou celle du bénéficiaire du paiement parce que ce bénéficiaire ne

considère pas fiscalement le payeur comme une entreprise distincte. La déduction due à l'asymétrie est ensuite imputée sur des revenus non soumis à une double inclusion, ce qui aboutit à une asymétrie des résultats fiscaux.

Paiements d'une succursale donnant lieu à double déduction

15. Les effets de double déduction surviennent lorsqu'une même charge est déductible en vertu des lois de plusieurs juridictions. Ces types d'asymétries sont une source de difficulté en matière de politique fiscale lorsque les lois des deux juridictions autorisent l'imputation de la déduction sur un bénéfice non imposable en vertu des lois de l'autre juridiction (c'est-à-dire sur un revenu non soumis à double inclusion).

16. Des paiements d'une succursale donnant lieu à double déduction peuvent exister lorsque la juridiction de résidence accorde au siège une exemption au titre du revenu d'une succursale tout en l'autorisant à déduire les charges imputables à cette succursale. Des asymétries peuvent survenir lorsque les règles de répartition des produits et des charges dans la juridiction de la succursale permettent également au contribuable de revendiquer une déduction pour une même charge en vertu des lois de la juridiction de la succursale. Dans de telles situations, sous l'effet de l'exemption générale des bénéfices de la succursale accordée par la juridiction du siège, la déduction dans la juridiction de la succursale vient s'imputer sur des revenus qui échappent à l'impôt dans celle du siège (autrement dit, sur des revenus non soumis à double inclusion).

17. Des paiements d'une succursale donnant lieu à double déduction peuvent également exister dans le contexte de succursales imposables (c'est-à-dire lorsque la juridiction du siège tient fiscalement compte de l'ensemble des produits et des charges de la succursale). Les succursales imposables peuvent être utilisées pour créer des cas de succursales donnant lieu à double déduction lorsque la succursale est autorisée à adhérer fiscalement à un groupe ou lorsqu'un autre mécanisme est en place dans la juridiction de la succursale qui permet d'imputer une charge ou une perte sur un bénéfice perçu par une autre personne qui n'est pas imposable selon les lois de la juridiction du siège.

18. Dans l'exemple du graphique 4, A Co a établi à la fois une succursale et une filiale dans le pays B. La législation du pays B autorise la filiale (B Co) et la succursale du pays B à constituer un groupe à des fins fiscales, ce qui permet d'imputer les charges supportées par la succursale du pays B sur le revenu de la filiale.

Graphique 4. **Paiement d'une succursale donnant lieu à double déduction**

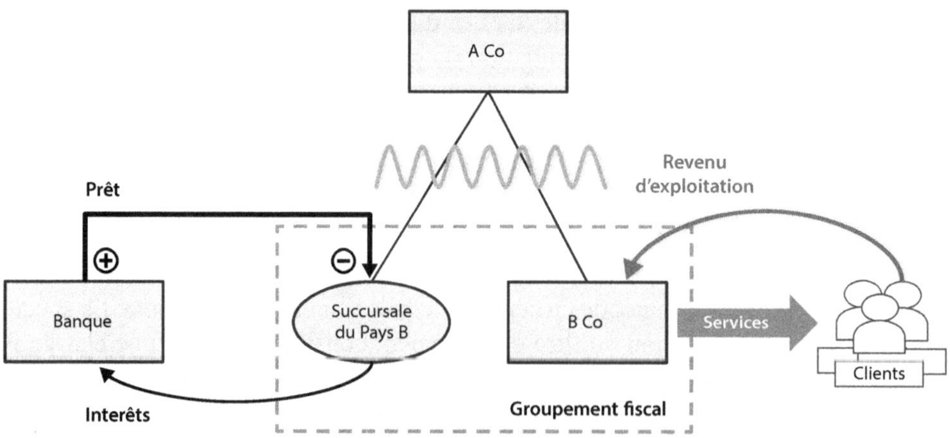

19. Si la succursale du pays B est considérée comme imposable en vertu de la législation du pays A, alors les charges d'intérêt supportées par la succursale donneront lieu à des déductions distinctes selon les lois du pays A et du pays B. Étant donné que la succursale du pays B et B Co sont membres du même groupe fiscal, ces charges d'intérêt peuvent alors êtes imputées, en vertu de la législation du pays B, sur le revenu d'exploitation perçu par la filiale (donc sur un revenu non soumis à double inclusion). Dès lors, cette structure permet d'imputer simultanément la même charge d'intérêt sur différents éléments du bénéfice dans la juridiction du siège et dans celle de la succursale.

20. Les questions posées par ces structures sont analysées au chapitre 6 du Rapport sur l'Action 2 (OCDE, 2017) qui expose les règles générales applicables aux asymétries hybrides pour neutraliser les effets de double déduction. Bien que les recommandations figurant dans le chapitre 6 soient de portée suffisamment large pour traiter des effets de double déduction propres aux structures impliquant une succursale, le Rapport sur l'Action 2 (OCDE, 2017) n'examine pas spécifiquement l'application de la règle relative aux paiements hybrides déductible non pris en compte aux paiements d'une succursale donnant lieu à double déduction tels que ceux identifiés ci-dessus.

Asymétries importées impliquant une succursale

21. Une asymétrie importée impliquant une succursale peut apparaître si une personne pouvant se prévaloir d'une déduction dans le cadre d'un dispositif hybride impliquant une succursale impute cette déduction sur un paiement déductible provenant d'un tiers. Le graphique 5 illustre une asymétrie importée impliquant une succursale. Cet exemple est similaire à celui qui est décrit dans le graphique 3, si ce n'est que les entreprises A et C font partie du même groupe et qu'on suppose qu'il n'existe dans le pays A et dans le pays B aucune règle neutralisant l'asymétrie entre résultats fiscaux provoquée par un paiement de redevances réputé effectué. Par conséquent, une déduction dans le cadre d'un dispositif hybride impliquant une succursale est imputée à la commission (déductible) payée par C Co, ce qui aboutit à un effet indirect de déduction/non-inclusion.

Graphique 5. **Asymétrie importée impliquant une succursale**

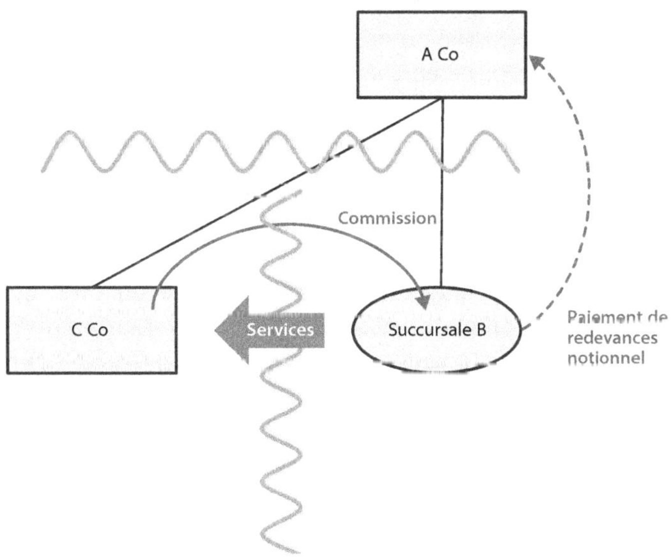

22. Cette structure est similaire aux dispositifs hybrides importés décrits dans la Recommandation 8 du Rapport sur l'Action 2 (OCDE, 2017) car elle implique un contribuable qui échafaude une asymétrie (en l'espèce une asymétrie impliquant une succursale) selon les lois de deux juridictions et qui importe l'effet de cette asymétrie dans une troisième juridiction au moyen d'un instrument classique dont le traitement fiscal est par ailleurs parfaitement orthodoxe.

23. Ces structures soulèvent des questions de politique fiscale similaires à celles que recense le Rapport sur l'Action 2 (OCDE, 2017), à savoir que le moyen à la fois le plus approprié et le plus efficace pour contrer l'asymétrie est que les pays A et B appliquent tous deux des règles de neutralisation. Cependant, pour préserver l'intégrité des autres recommandations au cas où le pays A ou B ne le ferait pas, une règle applicable aux asymétries importées est nécessaire pour refuser la déduction au titre de tout paiement qui est imputé directement ou indirectement sur un paiement lié à une asymétrie impliquant une succursale.

Résumé des recommandations

24. Ce rapport se divise en cinq chapitres qui contiennent des recommandations spécifiques visant à améliorer les législations nationales de manière à réduire la fréquence des asymétries impliquant des succursales, ainsi que des règles ciblant ces asymétries et en neutralisant les effets fiscaux sans en modifier aucune des autres conséquences fiscales, économiques ou réglementaires. Les recommandations formulées dans chacun des chapitres sont brièvement résumées ci-dessous :

a. le chapitre 1 énonce des **recommandations spécifiques concernant le champ d'application et le fonctionnement de l'exonération dont bénéficie la succursale**, de manière à rendre cette exonération plus cohérente avec la politique d'exonération du bénéfice d'une succursale étrangère en tant que méthode destinée à éviter la double imposition des bénéfices (Recommandation 1) ;

b. le chapitre 2 explique le fonctionnement de la **règle relative aux asymétries impliquant une succursale bénéficiaire d'un paiement**, laquelle refuse au payeur le droit de déduire soit un paiement à une succursale mais qui n'est pas attribué à cette succursale, soit un paiement à une succursale non prise en compte, dès lors que ce paiement est effectué au profit d'une personne liée ou dans le cadre d'un accord structuré et que ce paiement n'est pas inclus dans le bénéfice du bénéficiaire (règle équivalente à la règle relative aux entités hybrides inversées exposée dans le chapitre 4 du Rapport sur l'Action 2 [OCDE, 2017]) (Recommandation 2) ;

c. le chapitre 3 décrit la **règle relative aux paiements réputés avoir été effectués par une succursale**, laquelle empêche la déduction d'un paiement réputé effectué entre la succursale et le siège (ou entre deux succursales d'une même personne morale), dans la mesure où ce paiement provoque un effet de déduction/non-inclusion et où la déduction qui en résulte est imputée sur un revenu non soumis à une double inclusion (règle équivalente à la règle relative aux paiements hybrides non pris en compte exposée dans le chapitre 3 du Rapport sur l'Action 2 [OCDE, 2017]) (Recommandation 3) ;

d. le chapitre 4 précise la portée de la **règle relative aux doubles déductions** présentée dans le chapitre 6 du Rapport sur l'Action 2 (OCDE, 2017) s'agissant des effets de double déduction engendrés par des paiements effectués par une succursale (Recommandation 4) ;

e. le chapitre 5 décrit une **règle applicable aux dispositifs hybrides importés** cohérente avec la Recommandation 8 du Rapport sur l'Action 2 (OCDE, 2017) qui refuserait une déduction au titre d'un paiement effectué au sein d'un groupe fiscalement intégré ou dans le cadre d'un accord structuré, dans la mesure où le produit de ce paiement est imputé sur une charge donnant lieu à une asymétrie impliquant une succursale (Recommandation 5).

25. Les recommandations exposées dans ce rapport suivent la même structure que celles présentées dans le Rapport sur l'Action 2 (OCDE, 2017); aussi, les termes techniques communs qui ne sont pas définis dans ce rapport ont la même signification que les termes employés dans le Rapport sur l'Action 2 (OCDE, 2017).

Les recommandations figurant dans le chapitre 1 ne sont pas des règles portant sur les asymétries impliquant des succursales

26. Les recommandations contenues dans le chapitre 1 ne sont pas des règles portant sur les asymétries impliquant des succursales. Il s'agit plutôt de recommandations tendant à modifier la portée de l'exonération dont bénéficie la succursale afin de rendre la portée et le fonctionnement de cette exonération cohérentes avec la politique visant à éviter une double imposition du bénéfice des succursales. Restreindre la portée de cette exonération aura certes pour effet de réduire la fréquence des asymétries impliquant une succursale (et donc la nécessité d'appliquer l'une ou l'autre règle de neutralisation préconisée dans les chapitre 2 à 5 du rapport), mais les recommandations énoncées dans le chapitre 1 ne visent pas spécifiquement les asymétries impliquant des succursales, puisqu'elles s'appliquent à un éventail plus large de paiements que ceux ciblés par les règles applicables aux asymétries impliquant une succursale. Toutefois, les recommandations figurant dans le chapitre 1 ne doivent pas être interprétées comme imposant aux pays de revenir sur des décisions stratégiques délibérées qu'ils ont prises, y compris en ce qui concerne la portée territoriale de leur régime fiscal, et sont sans effet sur les obligations imparties à un pays en vertu d'une convention fiscale.

Les recommandations figurant dans les chapitres 2 à 5 prévoient des ajustements limités aux asymétries impliquant une succursale

27. Les règles relatives aux asymétries impliquant une succursale décrites dans les chapitres 2 à 5 ont pour unique objectif de neutraliser les asymétries qui résultent de différences dans l'attribution des produits ou des charges entre la succursale et le siège (ou deux composantes d'un même contribuable). Ces règles ne sont pas censées s'appliquer lorsque l'asymétrie est due au fait que le bénéficiaire est exonéré d'impôt, soumis à un régime fiscal spécial ou résident d'une juridiction à fiscalité nulle. Les asymétries qui résultent uniquement de différences de mesure ou de décalages dans le temps n'entrent pas non plus dans le champ d'application théorique des recommandations.

Les règles relatives aux asymétries impliquant une succursale ne viennent qu'après les règles ordinaires d'attribution du bénéfice net à la succursale

28. Les ajustements prévus par les règles relatives aux asymétries impliquant une succursale ne doivent être effectués qu'après avoir appliqué les règles nationales ordinaires d'attribution du bénéfice d'une succursale, sous réserve des exigences prévues par toute convention internationale en vigueur, tout en tenant compte des règles qui viennent limiter la portée de l'exonération accordée à la succursale conformément aux recommandations

spécifiques contenues dans le chapitre 1. Dans la mesure où les asymétries impliquant une succursale résultent du fait que des contribuables assument des positions contradictoires dans deux juridictions différentes sur le même élément de produit ou de charge, il ne devrait généralement pas être nécessaire d'appliquer des règles relatives à ces asymétries lorsque le contribuable a adopté des positions cohérentes et qu'il a suivi des normes identiques pour répartir le bénéfice de la succursale entre les deux juridictions. Les règles relatives aux asymétries impliquant une succursale ont pour objet de dissuader un contribuable de prendre des positions incohérentes quant au lieu où un paiement est comptabilisé, où des fonctions sont exercées, des actifs sont détenus et des risques sont assumés. Ces règles suppriment également la possibilité pour un contribuable d'imputer une déduction pour une même charge sur différents produits dans deux juridictions différentes. La neutralisation de ces avantages fiscaux tend à ce que les contribuables adoptent à l'avenir des positions plus cohérentes concernant l'attribution de produits et de charges entre la succursale et le siège, de sorte qu'il ne soit plus nécessaire de procéder aux ajustements prévus par ces règles. Tout ajustement effectué en vertu des recommandations exposées dans ce rapport sera sans effet sur l'attribution des droits d'imposition prévue par une convention fiscale.

29. Les règles relatives aux asymétries impliquant une succursale présentées dans le présent rapport introduisent des étapes supplémentaires dans le calcul des bénéfices de la succursale. Cette contrainte supplémentaire devrait peser davantage sur les succursales importantes qui effectuent des opérations commerciales impliquant de nombreuses transactions avec des parties liées ou non. Toutefois, cette charge peut être réduite, dès lors que les contribuables prennent des positions cohérentes relatives à l'attribution de produits et de charges entre différentes composantes d'une entreprise, et que les juridictions veillent à ce que leurs règles existantes en matière d'attribution de produits et de charges soient claires, cohérentes et minimisent le risque de double imposition et de double non-imposition. Là où des asymétries existent effectivement, les administrations fiscales devraient offrir aux contribuables la flexibilité nécessaire pour mettre en œuvre des solutions simples qui préservent les objectifs poursuivis par les règles relatives aux asymétries impliquant une succursale, et qui reposent, dans la mesure du possible, sur les exigences déclaratives et de discipline fiscale en vigueur dans le pays. Comme pour les montages hybrides, les outils mis en œuvre par chaque juridiction devraient permettre une coordination effective et efficiente dans l'application des règles relatives aux asymétries impliquant une succursale dans chaque juridiction, sans décalage dans les pratiques ni risque de double imposition.

30. Les asymétries impliquant une succursale surviennent le plus souvent lorsque la succursale est exonérée (la juridiction du siège accorde une exonération au titre du bénéfice de la filiale). Lorsqu'une juridiction impose des résidents sur leur revenu mondial (y compris le bénéfice d'une succursale étrangère), les paiements qui ne sont pas inclus dans le bénéfice par la succursale seront généralement imposés dans la juridiction du siège (supprimant le risque d'asymétries impliquant une succursale qui reçoit un paiement). En outre, dans le cas de succursales d'exploitation, le contribuable disposera généralement dans les comptes de la succursale d'un revenu soumis à double inclusion suffisant pour éviter de devoir procéder aux ajustements prévus par la règle sur les paiements réputés effectués par une succursale ou par la règle sur les doubles déductions, décrites dans les chapitres 3 et 4 du présent rapport (bien que ces règles puissent encore s'appliquer lorsque la juridiction de la succursale autorise la succursale à adhérer à un groupe fiscal ou offre un autre mécanisme qui permet d'imputer les charges de la succursale sur un revenu non soumis à une double inclusion).

31. Des asymétries impliquant une succursale peuvent survenir directement, lorsque la même entité ou personne exerce des activités imposables dans différentes juridictions, ou indirectement, lorsqu'un contribuable investit dans une structure transparente telle

qu'une société de personnes. Les règles relatives aux asymétries impliquant une succursale s'appliquent à un contribuable dans ces deux cas de figure afin de neutraliser l'asymétrie des résultats fiscaux.

Note

1. OECD (2015), *Modèle de convention fiscale concernant le revenu et la fortune : Version abrégée 2014*, Éditions OCDE, Paris (Modèle de Convention fiscale de l'OCDE).

Bibliographie

OCDE (2015), *Modèle de convention fiscale concernant le revenu et la fortune : Version abrégée 2014*, Éditions OCDE, Paris, http://dx.doi.org/10.1787/mtc_cond-2014-fr.

OCDE (2017), *Neutraliser les effets des dispositifs hybrides, Action 2 – Rapport final 2015*, Éditions OCDE, Paris, http://dx.doi.org/10.1787/9789264255104-fr.

Chapitre 1

Limitation de la portée de l'exonération des succursales

1. Limitation de la portée de l'exonération des succursales

Les juridictions qui accordent une exonération pour un produit de succursale devraient envisager d'en limiter la portée et le fonctionnement pour faire en sorte que les effets des paiements réputés effectués ou des paiements non pris en compte, qui ouvrent droit à une exclusion ou à une exonération aux fins fiscales selon les lois de la juridiction de la succursale, soient dûment pris en compte selon les lois de la juridiction de résidence.

Synthèse

32. Les asymétries impliquant une succursale recevant un paiement ou qui découlent d'un paiement réputé avoir été effectué par une succursale surviennent le plus souvent lorsque le revenu net de la succursale est exonéré d'imposition dans la juridiction de résidence. Ces risques peuvent être réduits de manière significative si la juridiction de résidence modifie les modalités d'application de l'exonération accordée aux succursales pour faire en sorte que le revenu net ouvrant droit à une exonération fiscale ne puisse pas dépasser le montant effectivement inclus par la succursale. Ce résultat peut être obtenu en incluant tous les éléments de revenu non imposés par la juridiction de la succursale et en effectuant les ajustements nécessaires pour prendre en compte les effets des paiements réputés effectués par une succursale en faveur du siège social. Des modifications de la portée de cette exonération, qui imposeraient au contribuable d'effectuer un ajustement dans la juridiction de résidence au titre d'un paiement réputé ou d'un élément de revenu non imposable au niveau de la succursale, permettrait d'apporter une réponse complète et transparente aux problèmes soulevés par les asymétries faisant intervenir une succursale. De plus, le payeur n'aurait plus à déterminer s'il doit appliquer un ajustement au titre des règles applicables aux succursales recevant un paiement et aux paiements réputés avoir été effectués par des succursales. En conséquence, le présent rapport recommande aux juridictions d'envisager de modifier la portée et les conditions d'application de leur régime d'exonération à l'intention des succursales, afin de prendre en compte les paiements qui ne sont pas inclus dans le produit d'une succursale exemptée d'imposition ainsi que les paiements réputés effectués par une telle succursale.

33. Plusieurs avantages sont obtenus en suivant l'approche qui consiste à corriger les asymétries des résultats fiscaux en incluant dans les produits de la juridiction de résidence les paiements effectués par une succursale ou réputés comme tels, plutôt qu'en appliquant les règles définies dans les chapitres 2 à 5 du rapport. En terme de conformité, il sera généralement plus simple que le siège social identifie le paiement ou le paiement reputé donnant lieu à l'asymétrie que la juridiction du payeur applique la règle relative aux asymétries impliquant une succursale recevant un paiement définie selon la Recommandation 2, ou la règle relative aux asymétries importées définie selon la Recommandation 5. La révision de la portée de l'exonération accordée aux succursales peut corriger les problèmes découlant de différentes catégories d'asymétries, notamment les effets de déduction/non-inclusion découlant de paiements versés par une entité hors du groupe sous contrôle commun, ou les asymétries survenant du fait que la succursale est exonérée d'impôt, soumise à un regime special, ou établie dans une juridiction qui n'applique pas d'impôt sur le bénéfice des sociétés.

34. Certains des avantages obtenus par l'application de la Recommandation 1 sont décrits dans l'**exemple 1** du présent rapport. Dans cet exemple, une société du groupe effectue un paiement déductible au profit de la succursale d'une autre société du groupe. L'exemple souligne que ce paiement peut échapper à l'imposition dans la juridiction de la succursale pour différentes raisons (à titre d'exemple, la juridiction de la succursale peut ne pas appliquer d'impôt sur le bénéfice des sociétés, le paiement peut ouvrir droit à un traitement particulier au titre d'un régime spécifique, ou encore, la succursale étrangère peut traiter le paiement comme étant effectué en faveur du siège social). L'application de la Recommandation 1 pourrait permettre de neutraliser toute asymétrie qui découlerait de ces situations. L'**exemple 4** décrit le cas d'un paiement réputé avoir été effectué par une succursale qui permet à cette dernière d'obtenir une déduction au titre d'un paiement notionnel de redevances en faveur du siège social. L'exemple précise que la juridiction de résidence dispose de plusieurs approches pour éliminer les risques d'asymétries causés par

de tels paiements notionnels qui peuvent se révéler plus simples que l'application de la règle sur les paiements réputés avoir été effectués par une succursale.

35. La Recommandation 1.1 repose sur l'hypothèse selon laquelle l'exonération accordée au produit de la succursale dans la juridiction de résidence vise à éviter une double imposition de ce produit, et que, par conséquent, il n'y a pas lieu de l'accorder à l'égard d'un produit qui n'est pas, dans les faits, soumis à une imposition nette dans la juridiction de la succursale. La Recommandation 1 n'a cependant pas pour objet d'imposer aux pays de revenir sur des décisions qu'ils auraient prises, y compris concernant l'application territoriale de leur système d'imposition. Par conséquent, cette recommandation invite les juridictions à envisager une révision de la portée et des modalités d'application de l'exonération accordée aux succursales de manière à remédier aux asymétries pouvant en découler; elle ne définit pas de limite applicable au montant de l'ajustement, ni de critères concernant le mécanisme d'ajustement dès lors que les ajustements effectués sont compatibles avec les obligations conventionnelles qui incombent à une juridiction et avec le cadre fiscal d'ensemble de cette juridiction.

Recommandation 1.1 – Limitation de la portée de l'exonération des succursales

36. La Recommandation 1.1 invite les juridictions à envisager de limiter la portée et d'ajuster les modalités d'application du régime d'exonération accordé aux succursales, afin de réduire la fréquence des asymétries qui impliquent une succursale recevant un paiement ou qui découlent d'un paiement réputé avoir été effectué par une succursale. Cette recommandation incite la juridiction de résidence à envisager de limiter les modalités d'application et la portée de l'exonération accordée aux succursales pour faire en sorte que les effets des paiements réputés effectués et des paiements non inclus dans le revenu selon les lois de la juridiction de la succursale, soient dûment pris en compte aux fins fiscales en effctuant les ajustements appropriés dans la juridiction de résidence. Comme la Recommandation 5.1 du Rapport sur l'Action 2 (OCDE, 2017), cette recommandation vise à garantir que l'exonération des succursales respecte le cadre fiscal établi par la juridiction de résidence pour l'imposition du revenu mondial, tout en laissant les juridictions libres de déterminer l'étendue de leur pouvoir d'imposition conformément au régime fiscal qui leur est propre.

37. Si la Recommandation 1.1 a pour objectif et pour effet de réduire la fréquence des asymétries faisant intervenir une succursale, cette recommandation n'est pas à proprement parler une règle sur les asymétries impliquant une succursale. Des règles ajustant la portée de l'exonération accordée aux succursales de manière à limiter les cas de double non imposition peuvent être appliquées à tout paiement qui conduit, d'ordinaire, à l'inclusion d'un produit dans la juridiction de résidence, que ce paiement provoque une asymétrie des résultats fiscaux ou que l'asymétrie observée s'explique par des divergences dans les règles d'attribution des paiements entre la succursale et le siège social. Ce point est illustré par l'**exemple 1**, qui indique que la juridiction de résidence peut décider qu'un revenu de succursale non imposé doit être soumis à l'impôt non seulement lorsque l'asymétrie résulte d'une mauvaise attribution du paiement en vertu des lois de la juridiction de la succursale, mais également chaque fois que le paiement permet à la succursale de se voir accorder une exonération pour tout autre motif.

38. Obliger un contribuable à effectuer un ajustement dans la juridiction de résidence pour prendre en compte les effets d'un paiement reputé ou non imposé ne créera pas automatiquement de charge fiscale supplémentaire dans cette juridiction. À titre d'illustration, en vertu de cette règle, un paiement tel qu'un dividende qui n'a pas été imposé

au niveau de la succursale (et qui devait donc être constaté à des fins fiscales par le siège social) demeure éligible à une exonération fiscale ou à tout autre type d'allégement dans la juridiction de résidence qui est prévu par sa législation nationale pour les paiements de cette nature (par exemple un privilège d'affiliation applicable aux dividendes de source étrangère).

39. Comme c'est le cas avec la Recommandation 5.1, il apparaît que la juridiction de résidence peut suivre différentes approches pour effectuer un ajustement afin d'inclure un montant approprié de revenu supplémentaire en vertu de sa législation nationale de façon à éviter un cas de double non-imposition. En conséquence, la Recommandation 1.1 ne décrit pas la marche à suivre pour assurer que, si un revenu de succursale non imposé donne lieu à un paiement, celui-ci soit pris en compte au niveau du siège social. L'**exemple 1** concerne le paiement d'une redevance à une autre société du groupe qui n'est soumis à l'impôt ni dans la juridiction de résidence ni dans celle de la succursale. L'exemple indique que différents ajustements permettraient à la juridiction de résidence d'étendre la portée de son régime d'imposition de sorte que le revenu de succursale non imposé soit soumis à l'impôt au niveau du siège social. L'**exemple 4** décrit un cas de paiement réputé avoir été effectué par une succursale dans lequel la juridiction de la succursale accorde à celle-ci une déduction au titre d'un paiement notionnel de redevances en faveur du siège social. Cet exemple souligne que plusieurs approches permettent de répartir les produits et les charges entre le siège social et la succursale afin de prendre en compte les effets d'un tel paiement réputé. Il est notamment possible de comptabiliser dans la juridiction du siège un produit supplémentaire d'un montant égal à celui du paiement réputé, en attribuant les dépenses d'une catégorie équivalente à la juridiction du payeur et en ajustant la méthode de calcul du revenu exonéré de la succursale de manière à éliminer les risques d'asymétrie au titre de ces paiements notionnels. En tout état de cause, les ajustements imposés par la juridiction de résidence devraient être conformes avec une attribution des produits et les charges entre le siège social et la succursale qui soit appropriée selon des principes reconnus internationalement et respecter les règles de territorialité de l'impôt prévues par la législation de cette juridiction.

40. On remarquera aussi que la juridiction de résidence peut être empêchée de restreindre la portée de l'exonération des succursales si la convention fiscale qui la lie à la juridiction de la succursale contient une disposition équivalente à l'article 23A du Modèle de convention fiscale (OCDE, 2015) de l'OCDE.

Bibliographie

OCDE (2015), *Modèle de convention fiscale concernant le revenu et la fortune : Version abrégée 2014*, Éditions OCDE, Paris, http://dx.doi.org/10.1787/mtc_cond-2014-fr.

OCDE (2017), *Neutraliser les effets des dispositifs hybrides, Action 2 – Rapport final 2015*, Éditions OCDE, Paris, http://dx.doi.org/10.1787/9789264255104-fr.

Chapitre 2

Règle relative aux asymétries impliquant une succursale recevant un paiement

1. Refus de déduction en cas d'asymétrie impliquant une succursale recevant un paiement

La juridiction du payeur devrait refuser toute déduction au titre des paiements qui génèrent un effet de déduction/non-inclusion dès lors que l'asymétrie est induite par :

a. des différences dans l'attribution des paiements entre la juridiction de résidence et celle de la succursale ou entre les juridictions respectives de deux succursales ; ou

b. le fait que le paiement soit versé à une succursale non prise en compte.

2. Succursale non prise en compte

Une succursale non prise en compte est une succursale qui est considérée comme ayant une présence imposable selon le droit de la juridiction de résidence (et qui est donc éligible à une exemption du revenu), mais qui n'est pas considérée comme telle selon le droit de la juridiction de la succursale.

3. Portée

Cette recommandation doit s'appliquer uniquement aux paiements réalisés dans le cadre d'un dispositif structuré ou entre membres d'un groupe sous contrôle commun.

Synthèse

41. Un paiement déductible versé à une succursale génère un effet de déduction/non-inclusion lorsqu'il n'est pas inclus dans le produit ordinaire par la juridiction de résidence ou par celle de la succursale. La règle relative aux asymétries impliquant une succursale recevant un paiement permet de neutraliser les asymétries causées par le fait que les deux juridictions considèrent que le paiement est attribué à un contribuable situé dans l'autre juridiction.

42. La Recommandation 2 cible précisément les deux catégories d'asymétries identifiées dans l'introduction :

a. dans le cas d'un **paiement versé à une succursale mais non attribué à celle-ci**, l'asymétrie est due non pas à un conflit relatif à la qualification de la succursale, mais à une disparité des règles entre la juridiction de résidence et celle de la succursale concernant l'attribution des paiements à la succursale ;

b. dans le cas d'une **structure de succursale non prise en compte**, l'asymétrie découle du fait qu'un paiement déductible reçu par un contribuable est considéré par la législation du pays de résidence comme étant effectué au profit d'une succursale étrangère (et peut de ce fait ouvrir droit à une exonération), tandis que la juridiction de la succursale ne prend pas en compte l'existence de la succursale et, en conséquence, ne soumet pas le paiement à l'impôt.

43. Ces deux cas font reposent sur une mécanique et génèrent des résultats fiscaux similaires à ceux d'une entité hybride inversée (comme décrit dans le chapitre 4 du Rapport sur l'Action 2 [OCDE, 2017]), puisque que la juridiction du bénéficiaire du paiement exonère ce paiement ou ne l'inclut pas dans le revenu imposable au motif qu'il doit être considéré comme reçu (et donc dûment soumis à l'impôt) dans l'autre juridiction. La règle relative aux asymétries impliquant une succursale recevant un paiement qui figure dans ce chapitre assure que le traitement des paiements à une succursale mais non attribués à cette succursale et celui des structures de succursales non prises en compte est conforme au traitement prévu par la règle applicable aux entités hybrides inversées, en refusant la déduction au titre de ces paiements dès lors que l'attribution des paiements entre les deux juridictions génère une asymétrie des résultats fiscaux.

Recommandation 2.1 – Refus de déduction en cas d'asymétrie impliquant une succursale recevant un paiement

Paiement

44. La définition du terme « paiement » qui figure dans la Recommandation 2.1 du présent rapport doit s'entendre comme revêtant la même signification que celle énoncée dans le Rapport sur l'Action 2 (OCDE, 2017). Cette définition englobe un large éventail de dépenses courantes comme les loyers, redevances, intérêts, paiements pour prestations de service et autres paiements susceptibles d'être imputés au produit ordinaire selon les lois de la juridiction du payeur. Cette expression ne recouvre habituellement pas les coûts d'acquisition d'un actif et n'a pas vocation à englober les dotations aux amortissements.

Effet de déduction/non-inclusion

La règle relative aux asymétries impliquant une succursale recevant un paiement est applicable dans toute juridiction dans laquelle ce paiement est déductible

45. La définition du terme « déduction » qui figure dans la Recommandation 2.1 du présent rapport doit s'entendre comme revêtant la même signification que celle énoncée dans le Rapport sur l'Action 2 (OCDE, 2017). Un paiement est déductible dès lors quune juridiction autorise un contribuable à imputer des dépenses à son produit ordinaire. La définition figurant dans le Rapport sur l'Action 2 (OCDE, 2017) porte sur la question de savoir si un paiement est assimilable à un élément « déductible » en vertu des lois de la juridiction concernée, de sorte que les modalités spécifiques du calcul du revenu net du contribuable ne devraient généralement pas influer sur le point de savoir si un paiement est considéré comme « déductible » aux fins fiscales.

46. Un paiement peut être traité comme provenant de plus d'une juridiction lorsque ce paiement est effectué par l'intermédiaire d'une structure fiscalement transparente telle qu'une succursale ou une entité hybride. Dans un tel cas, le fait que le paiement considéré puisse également être déductible en vertu des lois d'une autre juridiction n'entre pas en ligne de compte pour déterminer si le paiement génère un effet de déduction/non-inclusion au regard des lois de la juridiction qui applique la règle relative aux asymétries impliquant une succursale recevant un paiement. Ce principe est le même que celui illustré par l'exemple 4.4 du Rapport sur l'Action 2 (OCDE, 2017), dans lequel une entité hybride effectue un paiement au profit d'une entité hybride inversée. Dans ce cas, l'exemple conclut que la règle applicable aux asymétries hybrides prévue par la Recommandation 4 du Rapport sur l'Action 2 (OCDE, 2017) devrait être appliquée à la fois dans la juridiction de la société mère et dans celle de la filiale pour neutraliser les effets de l'asymétrie.

Les paiements qui ne sont pas inclus dans le produit du siège social ou de l'une de ses succursales

47. Même si la règle sur les asymétries faisant appel à une succursale recevant un paiement celle qui s'applique en priorité (et, de fait, exclusivement) pour neutraliser les paiements en faveur d'une succursale, elle ne sera appliquée dans la juridiction du payeur que si le paiement produit effectivement un effet de déduction/non-inclusion. Comme c'est le cas pour la règle relative aux entités hybrides inversées décrite au chapitre 4 du Rapport sur l'Action 2 (OCDE, 2017), un paiement qui est pris en compte comme un produit ordinaire dans au moins une juridiction ne génère aucune asymétrie justifiant l'application de la règle. Tel sera le cas si l'asymétrie a été neutralisée par une règle de la juridiction du siège ou de la succursale qui garantit que le paiement qui n'est pas pris en compte dans l'une de ces juridictions le sera dans l'autre. Cette condition vaut pour toute règle qui, conformément à la Recommandation 1.1 du présent rapport, limite le champ d'application de l'exonération accordée aux succursales dans la juridiction de résidence aux paiements qui avaient effectivement été inclus aux fins fiscales dans le produit de la succursale considérée. L'**exemple 1** décrit le cas d'une redevance versée à la succursale d'une société qui fait partie d'un groupe sous contrôle commun auquel le payeur appartient également. L'exemple indique que la règle relative aux asymétries impliquant une succursale recevant un paiement ne devrait pas s'appliquer si l'asymétrie a été neutralisée par une règle de la juridiction de résidence qui garantit que tout paiement qui n'est pas pris en compte au niveau de la succursale sera inclus au niveau du siège social. Par conséquent, si la juridiction de résidence, conformément à la Recommandation 1.1, limite la portée de l'exonération accordée aux succursales aux seuls paiements qui ont effectivement été soumis à l'impôt au niveau de la succursale, l'asymétrie des résultats fiscaux sera

neutralisée et il n'y aura pas lieu d'appliquer la règle relative aux asymétries impliquant une succursale recevant un paiement.

48. Il convient de garder à l'esprit, lors de l'application de la règle relative aux asymétries impliquant une succursale recevant un paiement, que cette règle n'a pas pour objet de corriger les différences de date d'enregistrement des paiements, de sorte qu'une déduction demandée au titre d'un paiement effectué durant une certaine période d'imposition ne devrait pas être considérée comme donnant lieu à une asymétrie du simple fait que ce paiement ne sera inclus que durant une période d'imposition ultérieure. Il incombera alors au payeur d'apporter les preuves raisonnables pour établir, à la satisfaction de l'administration fiscale, que les règles applicables au paiement dans la juridiction du bénéficiaire imposent l'inclusion du paiement dans le produit, même si, en règle générale, il est possible de confirmer la situation fiscale du bénéficiaire en consultant un document contractuel.

49. Le test permettant de déterminer si un paiement a été « inclus » aux fins fiscales devrait être le même que celui décrit dans le Rapport sur l'Action 2 (OCDE, 2017). Un paiement est considéré comme inclus au niveau de la succursale ou du siège social (et par conséquent, exclu du champ d'application de la règle relative aux asymétries impliquant une succursale recevant un paiement) si, une fois correctement établis la nature du paiement et son traitement fiscal selon les lois de la juridiction compétente, il est justifié de considérer que ce paiement a été inclus dans le calcul du produit ordinaire du bénéficiaire. Un paiement pris en compte par le bénéficiaire selon les règles du droit général ne devrait pas être considéré comme inclus s'il donne lieu à une mesure spécifique d'exclusion ou d'exonération au motif que ce paiement a été effectué en faveur d'une succursale non résidente ou étrangère.

50. Dans le cas des succursales dont l'activité atteint une taille significative, compte tenu du volume des opérations et de la complexité des règles applicables au calcul et à l'attribution du revenu entre le siège social et ses succursales, il peut être difficile pour le contribuable de prouver, à l'appréciation de l'administration fiscale, qu'un paiement qui n'a pas été inclus dans une juridiction l'a été dans une autre. Dans ce cas, l'administration pourrait opter pour des solutions de mise en œuvre fondées, dans toute la mesure possible, sur des règles nationales, des instructions administratives, des hypothèses et des calculs fiscaux déjà en vigueur et qui soient conformes aux objectifs fondamentaux énoncés dans la Recommandation 2. À titre d'exemple, un contribuable peut être en mesure de démontrer que le montant total des revenus déclarés dans les juridictions du siège et de la succursale correspond au produit qu'il a enregistré dans sa comptabilité, de sorte que l'administration fiscale considère établi que tous les paiements imposables effectués en faveur de ce bénéficiaire ont été comptabilisés pour le moins dans une juridiction.

Inclusion au titre d'un régime sur les SEC ou d'un régime équivalent

51. La règle relative aux asymétries impliquant une succursale recevant un paiement a vocation à s'appliquer uniquement lorsque les divergences entre les règles d'attribution des paiements entre une succursale et le siège social (ou entre deux succursales une même personne) génèrent une asymétrie des résultats fiscaux. Dans certains cas, un paiement en faveur d'une succursale qui n'est pas inclus par la succursale ou le siège peut être inclus dans le produit d'une société mère en vertu d'un régime applicable aux Sociétés étrangères controllées (SEC). Les juridictions devraient alors tenir compte des risques de double imposition économique et examiner l'ajustement qu'il conviendrait d'imposer en vertu de la règle relative aux asymétries impliquant une succursale recevant un paiement, étant donné que le paiement est inclus dans le produit ordinaire en vertu du régime sur les SEC d'un pays tiers.

52. Lorsque la juridiction du payeur autorise le contribuable à invoquer une inclusion au titre d'un régime applicable aux SEC afin de limiter les refus de déduction dans la juridiction du payeur, cette exclusion devrait être réservée aux cas dans lesquels le contribuable peut prouver à l'administration fiscale que le paiement a été entièrement inclus en vertu du régime sur les SEC de la juridiction de la société mère et est soumis à l'impôt au taux plein. Le contribuable doit notamment prouver que, en vertu des règles relatives aux SEC, ce paiement devrait normalement être pris en compte, et qu'il n'ouvre droit à aucune exception (au titre d'un produit actif, par exemple). Le contribuable devrait également démontrer que, en vertu des règles de quantification et de détermination des dates d'enregistrement du régime applicable aux SEC, le paiement a bien été pris en compte comme un produit ordinaire dans la déclaration établie par l'actionnaire, et l'administration peut également lui demander de prouver que l'inclusion n'ouvre droit à aucun crédit d'impôt ou autre allégement fiscal à l'étranger, voire de prouver que ce paiement n'a fait l'objet d'aucune déduction par l'intermédiaire d'une succursale ou d'un autre dispositif hybride (à savoir, de prouver l'absence d'asymétrie importée).

53. Le traitement des paiements inclus au titre d'un régime relatif aux SEC est examiné dans l'**exemple 1** qui illustre une asymétrie impliquant une succursale recevant un paiement. Dans ce cas, bien que le paiement intragroupe ne soit pas inclus dans la juridiction de résidence ni dans celle de la succursale, l'exemple précise qu'il peut être inclus dans le produit de la société mère ultime en vertu d'un régime applicable aux SEC (ou d'un régime équivalent). Si la juridiction du payeur souhaite écarter le risque d'une double imposition économique que supposerait le refus d'une déduction au titre d'un paiement qui est, de fait, soumis à l'impôt en vertu des règles sur les SEC d'un autre pays, elle devrait déterminer quel est l'ajustement nécessaire au titre de la règle relative aux asymétries impliquant une succursale recevant un paiement compte tenu de cette inclusion en vertu du régime applicable aux SEC. Le payeur devrait cependant apporter la preuve à l'administration fiscale que la société mère a été effectivement tenue d'inclure ce paiement en vertu des règles sur les SEC en vigueur, et l'administration peut également lui demander de prouver que le montant inclus au titre du régime applicable aux SEC n'ouvre droit à aucun crédit d'impôt ou autre allégement fiscal à l'étranger.

Analyse contrefactuelle visant à déterminer si l'asymétrie résulte d'une mauvaise attribution du paiement

54. Comme dans le cas de la règle sur les entités hybrides inversées, cette règle doit s'appliquer uniquement dans les cas où le paiement aurait été inclus dans le revenu ordinaire s'il avait été versé directement au siège social. L'**exemple 4.1** du Rapport sur l'Action 2 (OCDE, 2017) illustre ce principe dans le cas du paiement d'intérêts à une entité hybride inversée. Il conclut que la règle sur les entités hybrides inversées ne s'applique pas si l'investisseur est une entité exonérée d'impôt qui n'aurait pas été soumise à l'impôt même si le paiement avait été versé directement à l'investisseur. L'analyse et les résultats présentés dans cet exemple sont identiques dans le cas d'un paiement versé à une succursale mais non attribué à celle-ci ou d'un paiement versé à une succursale non prise en compte si le contribuable est exonéré d'impôt au regard du droit de la juridiction de résidence. Le même principe est appliqué dans l'**exemple 1** du présent rapport qui illustre une asymétrie impliquant une succursale recevant un paiement. Cet exemple précise que la question de savoir si l'asymétrie est causée par une mauvaise attribution des paiements entre la succursale et le siège social peut être tranchée en réalisant une analyse contrefactuelle qui évalue quel aurait été le traitement fiscal d'un paiement s'il avait été effectué directement en faveur du siège social. Dans ce cas décrit par l'**exemple 1**, c'est l'application de l'exonération

accordée aux succursales qui soustrait le paiement considéré à l'impôt, conformément au droit de la juridiction de résidence, de sorte que la Recommandation 2 s'applique pour refuser une déduction au titre de ce paiement dans la juridiction du payeur dès lors qu'il n'est pas soumis à l'impôt dans la juridiction de la succursale.

55. À l'instar de la règle relative aux entités hybrides inversées, cette règle sur les asymétries impliquant une succursale ne devrait néanmoins pas être utilisée pour contourner l'application de la règle sur les instruments financiers hybrides et devrait continuer à s'appliquer dans la mesure où un paiement direct aurait fait l'objet d'un ajustement en vertu de la Recommandation 1 du Rapport sur l'Action 2 (OCDE, 2017)[1].

Recommandation 2.2 – Succursale non prise en compte

56. Comme énoncé dans l'introduction du présent rapport, une succursale non prise en compte est une succursale considérée comme ayant une présence imposable selon le droit de la juridiction du siège (et peut donc être exonérée d'impôt sur les bénéfices), mais n'étant pas considérée comme telle selon le droit de la juridiction de la succursale. On pourrait considérer les structures de succursales non prises en compte comme étant une sous-catégorie de paiements à une succursale non attribués à cette succursale dans la mesure où l'asymétrie est générée par des différences dans l'attribution des paiements entre la juridiction de la succursale et celle du siège social. Les paiements à une succursale non attribués à cette succursale se distinguent des succursales non prises en compte car les structures de succursales non prises en compte sont caractérisées non seulement par la non-inclusion d'un paiement dans la juridiction de la succursale, mais en outre, par le fait que l'on ne recense dans cette juridiction aucune entité à laquelle attribuer un paiement.

57. Le terme « droit » figurant dans la Recommandation 2.2 recouvre à la fois la législation nationale et les conventions fiscales. Par conséquent, les cas de succursales non prises en compte peuvent découler de divergences existant entre la définition de la succursale retenue en droit interne et celle figurant dans les conventions fiscales, si bien qu'une succursale est considérée comme un établissement stable en vertu de la convention fiscale applicable (ce qui signifie que la juridiction du siège doit exonérer le paiement d'impôt en vertu d'une disposition similaire à l'article 23A du Modèle de convention fiscale [OCDE, 2015]), alors même que, sur le fondement des activités de cette succursale, la juridiction de la succursale considère, en application de son droit interne, que le contribuable n'a pas de présence imposable sur son territoire. Dans une telle situation, la juridiction de résidence peut se trouver dans l'impossibilité de restreindre la portée de l'exonération accordée à la succursale en vertu de la Recommandation 1 sous l'effet de la prééminence de la convention fiscale. Dans d'autres situations, il se peut que la succursale ne réponde pas à la définition juridique d'un établissement stable en vertu de la convention fiscale considérée, si bien que le paiement des intérêts perçus par la succursale ouvre droit à une exonération du fait que des dispositions similaires à celles de l'article 7 du Modèle de convention fiscale (OCDE, 2015) n'autorisent pas la juridiction de la succursale à imposer ce paiement en l'absence d'un établissement stable tel que défini par la convention considérée. Cette situation peut résulter de l'application du droit interne de la juridiction de la succursale alors même que la juridiction de résidence considère, en application de son propre droit interne, que le paiement est perçu par une succursale étrangère et ouvre droit à une exonération fiscale.

Recommandation 2.3 – Portée de la règle

58. La règle relative aux asymétries impliquant des succursales recevant un paiement ne doit s'appliquer qu'aux paiements réalisés dans le cadre d'un dispositif structuré ou entre les membres d'un groupe sous contrôle commun. Dans un souci de cohérence, les critères appliqués aux « dispositifs structurés » et aux « groupes sous contrôle commun » doivent être identiques à ceux énoncés dans le Rapport sur l'Action 2 (OCDE, 2017). Cela signifierait qu'un contribuable n'aurait pas à opérer d'ajustement en vertu de la règle sur les asymétries impliquant une succursale recevant un paiement à moins que ce paiement ait été effectué au profit d'une personne appartenant au même groupe sous contrôle commun ou que le payeur ait été partie à un dispositif structuré conçu pour créer une asymétrie impliquant la succursale. Comme l'indique le Rapport sur l'Action 2 (OCDE, 2017) :

> « Une personne sera partie à un dispositif structuré si elle s'est suffisamment impliquée dans ce dispositif pour comprendre comment il est structuré et quels peuvent en être les effets fiscaux. Toutefois, un contribuable ne sera pas considéré comme partie à un dispositif structuré si ce contribuable ou un membre du même groupe sous contrôle commun n'était pas informé de l'asymétrie des résultats fiscaux ou n'a pas bénéficié de l'avantage fiscal généré par cette asymétrie »[2].

59. Un contribuable peut conclure un certain nombre de transactions sur le marché avec des parties indépendantes qui génèrent des effets de déduction/non-inclusion, et le payeur peut ne pas être en mesure d'appliquer à une transaction les procédures de diligence raisonnable afin de déterminer s'il existe une asymétrie (ou d'en établir la cause). Cependant, en règle générale, les transactions conclues sur le marché entre des parties indépendantes n'entrent pas dans le champ d'application des règles relatives aux asymétries impliquant une succursale recevant un paiement, car un payeur conclut normalement ces transactions conformément au principe de pleine concurrence et l'on ne peut s'attendre à ce qu'il vérifie la situation fiscale de sa contrepartie lors de la réalisation de ce type d'opérations.

60. L'exemple 4.1 du Rapport sur l'Action 2 (OCDE, 2017) illustre l'application de la règle relative aux entités hybrides inversées à un paiement d'intérêts effectué par une partie non liée. L'exemple relève que, dans une telle situation, l'utilisation d'une entité hybride inversée en tant fonds commun de créance pourrait indiquer que le mécanisme liant l'investisseur et l'entité à but unique a été conçu dans le but de produire une asymétrie des résultats fiscaux. Cependant, dans cet exemple, le payeur ne doit pas être considéré comme partie à ce dispositif structuré parce qu'il verse le taux d'intérêt du marché au titre du prêt et qu'il n'était pas tenu, dans le cadre des procédures de diligence raisonnable habituelles, de prendre en considération la situation fiscale de la contrepartie lorsqu'il a pris la décision d'emprunter. Le raisonnement et les résultats qui s'appliquent à la structure d'entité hybride inversée décrite dans l'exemple 4.1 doivent également s'appliquer à tout cas similaire impliquant un paiement versé à une succursale sans être par la suite attribué à cette dernière, ou un paiement versé à une succursale non prise en compte.

Notes

1. Voir le Rapport sur l'Action 2 (OCDE, 2017), paragraphe 167 de l'exemple 4.4.

2. Voir le Rapport sur l'Action 2 (OCDE, 2017), paragraphe 342.

Bibliographie

OCDE (2015), *Modèle de convention fiscale concernant le revenu et la fortune : Version abrégée 2014*, Éditions OCDE, Paris, http://dx.doi.org/10.1787/mtc_cond-2014-fr.

OCDE (2017), *Neutraliser les effets des dispositifs hybrides, Action 2 – Rapport final 2015*, Éditions OCDE, Paris, http://dx.doi.org/10.1787/9789264255104-fr.

Chapitre 3

Règle relative aux paiements réputés effectués par une succursale

1. Refus de la déduction des paiements réputés effectués par une succursale

La juridiction qui reconnaît un paiement réputé effectué par une succursale (juridiction du payeur) doit refuser une déduction au titre de ce paiement dans la mesure où il donne lieu à une asymétrie impliquant une succursale.

2. Paiements réputés effectués par une succursale

Un paiement réputé effectué par une succursale est un paiement réputé effectué entre une succursale et son siège ou entre deux succursales du même contribuable et donnant lieu à un effet de déduction/non-inclusion résultant du fait que ce paiement n'est pas pris en compte en vertu de la législation de la juridiction considérée comme bénéficiaire du paiement (la juridiction du bénéficiaire).

3. Pas d'asymétrie impliquant une succursale dans la mesure où il y a imputation sur un revenu soumis à double inclusion

Un paiement réputé effectué par une succursale donne lieu à une asymétrie impliquant une succursale uniquement dans la mesure où la juridiction du payeur autorise l'imputation de la déduction sur un montant qui n'est pas un revenu soumis à la double inclusion.

Synthèse

61. Comme indiqué dans l'introduction, un paiement réputé effectué entre une succursale et son siège (ou entre deux succursales) donne lieu à un effet de déduction/non-inclusion lorsque ce paiement n'est pas pris en compte par le bénéficiaire. Ce type d'asymétrie peut soulever des questions de politique fiscale lorsque la juridiction du payeur autorise l'imputation de la déduction qui en résulte sur un élément de revenu qui n'est pas pris en compte en vertu de la législation de la juridiction du bénéficiaire (à savoir sur un revenu qui n'est pas « soumis à double inclusion »). La règle relative aux paiements réputés effectués par une succursale figurant dans la Recommandation 3 s'applique uniquement lorsque la juridiction du payeur autorise le contribuable à comptabiliser les paiements notionnels entre différentes composantes du même contribuable. La règle permet de neutraliser toute asymétrie pouvant éventuellement résulter d'un paiement réputé effectué par une succursale étant donné qu'elle a pour effet de plafonner la déduction, du côté du payeur, à hauteur du montant du revenu soumis à double inclusion.

62. La règle relative aux paiements réputés avoir été effectués par une succursale a vocation à mettre le traitement des paiements réputés effectués par une succursale en conformité avec les règles applicables aux paiements non pris en compte effectués par une entité hybride en vertu de la Recommandation 3 du Rapport sur l'Action 2 (OCDE, 2017). Toutefois, à la différence des paiements hybrides non pris en compte, lorsque la déduction est une conséquence d'un paiement réel entre des entités distinctes et lorsque l'asymétrie résulte de différences dans le traitement juridique du payeur en vertu des législations des juridictions du payeur et du bénéficiaire, un paiement réputé effectué par une succursale est un paiement purement notionnel entre deux composantes d'une personne donnant lieu à une asymétrie dans la répartition des charges entre les juridictions du payeur et du contribuable, en conséquence, la règle ne s'applique que dans les juridictions qui prennent en compte les paiementss notionnels de cette nature.

63. Le fait que les asymétries hybrides résultant de paiements réputés effectués par une succursale soient le produit d'un conflit entre les règles de répartition des charges (plutôt que de différences au niveau de la qualification juridique du payeur) induit un certain nombre de différences dans la manière dont sont appliquées les règles relatives aux paiements réputés effectués par une succursale. Cela signifie en particulier que les asymétries hybrides résultant de paiements réputés effectués par une succursale peuvent généralement être évitées par la juridiction du siège adoptant, conformément à la Recommandation 1, des règles aboutissant à une attribution globale du revenu net au siège en accord avec l'effet du paiement réputé effectué par la succursale. Cela signifie également que la marge de manœuvre est faible (si elle existe) pour l'application d'une règle secondaire (inclusion imposée) dans le contexte de paiements réputés effectués par une succursale (voir les commentaires relatifs à la Recommandation 3.1 ci-après). Qui plus est, le fait que l'asymétrie résulte de la répartition des charges signifie qu'elle peut être neutralisée par la juridiction du bénéficiaire par le biais d'une attribution de charges d'une catégorie équivalente à la juridiction du payeur (voir les commentaires relatifs à la Recommandation 3.2 ci-après).

Recommandation 3.1 – Refus de la déduction des paiements réputés effectués par une succursale

La règle sur les paiements réputés avoir été effectués par une succursale ne s'applique pas aux amortissements ou déductions pour fonds propres

64. La règle sur les paiements réputés avoir été effectués par une succursale s'applique aux déductions résultant de paiements purement notionnels effectués au bénéfice d'une autre composante du contribuable. Ces paiements notionnels sont fictionnels et sont utilisés à des fins fiscales pour déterminer le revenu qui est dûment soumis à l'impôt dans la juridiction du payeur. A l'instar des règles relatives aux paiements hybrides non pris en compte figurant dans le Rapport sur l'Action 2 (OCDE, 2017), les règles relatives aux paiements réputés effectués par une succursale n'ont pas vocation à s'appliquer aux déductions au titre des amortissements ou pour dépréciation d'un actif ou au titre d'avantages consentis en droit interne comme des déductions pour apport de capital. Si ces déductions peuvent prendre la forme d'une réduction de l'impôt sur les bénéfices des sociétés et si le montant correspondant peut être calculé en référence à un montant notionnel (comme un taux de rendement sans risque), elles n'ont pas pour but de parvenir à une détermination exacte du revenu dûment soumis à l'impôt dans la juridiction du payeur, mais plutôt d'abaisser unilatéralement le taux effectif d'imposition afin d'encourager les investissements en capital dans cette juridiction en réduisant les distorsions fiscales liées au recours à l'emprunt de préférence au financement par fonds propres.

Pas de règle secondaire en vertu de la Recommandation 3

65. Si la règle relative aux paiements réputés avoir été effectués par une succursale oblige la juridiction du payeur à refuser une déduction au titre d'un paiement réputé effectué dans la mesure où il donne lieu à une asymétrie impliquant une succursale, il n'existe pas de règle secondaire correspondante obligeant à inclure, dans la juridiction du bénéficiaire, le paiement réputé effectué dans le revenu car tel est déjà le résultat prévu en vertu de la Recommandation 1. On trouve dans l'**exemple 4** la description d'un cas de figure dans lequel la juridiction de la succursale autorise une déduction notionnelle au titre de redevances versées au siège par la succursale. L'exemple précise qu'il existe diverses mesures susceptibles d'être prises par la juridiction de résidence conformément à la Recommandation 1 qui peuvent aboutir à la prise en compte de l'effet du paiement réputé effectué en vertu de la législation de la juridiction de résidence. Celles-ci peuvent notamment consister à prendre en compte dans la juridiction du siège un montant de revenu supplémentaire égal au paiement réputé effectué ; à attribuer des charges d'une catégorie équivalente à la juridiction du payeur et/ou à ajuster le calcul du revenu net de la succursale de façon à éliminer le risque de donner lieu à des asymétries au regard de paiements purement notionnels. Si la juridiction de résidence adopte l'une de ces mesures, il n'y aura pas d'asymétrie et il n'y aura pas matière à appliquer la règle sur les paiements réputés avoir été effectués par une succursale.

Recommandation 3.2 – Paiements réputés effectués par une succursale

Paiement réputé effectué

66. Un paiement réputé effectué est un paiement purement notionnel qui n'est pas calculé en référence à une charge réelle du contribuable.

Paiement notionnel

67. Un paiement notionnel est un paiement considéré comme ayant été effectué entre la succursale et son siège (ou entre deux succursales) du même contribuable dans le cadre d'un mécanisme d'attribution des bénéfices destiné à permettre une détermination exacte du bénéfice dûment soumis à l'impôt dans la juridiction du payeur. On considère que dans sa juridiction, le payeur effectue un paiement notionnel au profit d'une succursale ou du siège au titre de fonctions exercées, d'actifs détenus ou de risques assumés dans la juridiction du bénéficiaire. Les conditions dans lesquelles un paiement notionnel est effectué peuvent être établies, documents à l'appui, de la même manière que si l'accord avait été conclu entre des entités séparées et avait justifié le transfert de fonds entre les juridictions ; néanmoins, ces paiements notionnels n'ont pas de statut juridique propre si ce n'est qu'ils matérialisent une répartition correcte du revenu net entre les juridictions du payeur et du bénéficiaire à des fins fiscales.

Paiement calculé en référence à une dépense réelle du contribuable

68. Un paiement notionnel ne devrait pas être considéré comme un paiement réputé effectué dans la mesure où il représente une charge réelle ou est calculé en référence à une charge réelle inscrite dans les comptes du contribuable. Un paiement considéré (à des fins fiscales) comme ayant été effectué entre la succursale et le siège mais qui, en réalité, représente une charge sous-jacente, devrait être considéré comme un paiement réel plutôt que comme un paiement réputé effectué et, dès lors, se situer en dehors du champ d'application de la règle relative aux paiements réputés avoir été effectués par une succursale.

69. Un paiement notionnel qui ne serait pas expressément calculé en référence à une charge réelle devrait être considéré comme un paiement réel lorsqu'il se rapporte spécifiquement à des fonctions exercées, des actifs détenus ou des risques assumés par une autre composante du contribuable et lorsque figurent dans les comptes du contribuable des charges spécifiques du même type, se rapportant aux mêmes fonctions, actifs et risques et pouvant être directement imputées sur le paiement réputé effectué. Dans ce cas, lorsque le paiement notionnel peut être défini avec une précision suffisante pour permettre de relier le paiement à un élément de charge apparaissant dans les comptes du contribuable, le contribuable peut considérer le paiement notionnel comme un paiement réel effectué au titre de la charge sous-jacente engagée par le bénéficiaire.

70. On trouve une illustration de la démarche décrite dans le paragraphe précédent dans l'**exemple 5** dans lequel le contribuable sous-traite divers services auprès de prestataires extérieurs recouvrant notamment des licences de logiciels et des services d'assistance informatique liés à des logiciels dont le contribuable est propriétaire. La succursale effectue un paiement notionnel au profit du siège au titre de redevances concernant le même logiciel. Dans ce cas de figure, la nature des charges consacrées aux services fait que celles-ci peuvent être, de manière exacte et fiable, imputées directement sur le paiement réputé effectué. De ce fait, le contribuable considère une fraction du paiement réputé effectué au titre des redevances comme le paiement réel de services fournis par des tierces parties. Dans l'**exemple 8,** le contribuable utilise ses fonds propres ainsi que des fonds empruntés auprès d'une banque indépendante pour consentir des prêts à des clients situés dans la juridiction de résidence et dans celle de la succursale. La juridiction de la succursale considère les intérêts versés sur les prêts comme des intérêts attribuables à la succursale, et autorise également celle-ci à déduire les paiements d'intérêts réputés effectués au profit du siège. Alors que ces paiements sont considérés par la succursale comme des paiement notionnels, si, dans la pratique, ils sont calculés en référence à un pourcentage donné des coûts d'emprunts

contractés auprès de tiers supportés par le contribuable, ou si les dépenses d'intérêts ou les coûts d'emprunt apparaissent de façon disctincte dans la comptabilité fiscale du bénéficiaire et peuvent être directement imputés sur le paiement réputé effectué, alors les charges d'intérêts déclarées en vertu de la législation de la juridicion de la succursale ne devraient pas être considérées comme un paiement réputé effectué aux fins de la règle relative aux paiements réputés effectués par une succursale.

71. Le fait que ce type de paiement ne relève pas de la règle relative aux paiements réputés effectués par une succursale ne signifie pas nécessairement que les règles relatives aux asymétries impliquant une succursale ne s'y appliquent pas. Il peut encore relever des règles visant la double déduction énoncées dans la Recommandation 4. Dans l'**exemple 5**, les paiements réputés effectués au titre de redevances qui sont considérés comme des charges correspondant à des services fournis par des tiers sont également déductibles en vertu de la législation de la juridiction de résidence, ce qui signifie que la déduction donne lieu à un ajustement conformément à la règle de double déduction. Comme le démontre l'**exemple 9**, le fait qu'un paiement d'intérêts notionnels soit considéré comme un coût de financement réel en vertu des règles relatives aux asymétries impliquant une succursale peut aboutir au même ajustement dans la juridiction de la succursale conformément à la règle secondaire figurant dans la Recommandation 4.

Les paiements réputés effectués « ne doivent pas être pris en compte » dans la juridiction du bénéficiaire

72. Un paiement réputé effectué ne donne pas lieu à une asymétrie, excepté s'il « n'est pas pris en compte » en vertu de la législation de la juridiction du bénéficiaire. Dans le cas d'un paiement réputé effectué, la juridiction du bénéficiaire est la juridiction dans laquelle le paiement réputé effectué est reçu ou est considéré comme reçu. La juridiction du bénéficiaire peut tenir compte d'un paiement réputé effectué en considérant le montant correspondant comme un revenu ou en considérant que la juridiction de résidence attribue une charge ou une perte d'une *catégorie équivalente* à la juridiction du payeur, ce qui interdit la prise en compte de la dépense dans cette juridiction.

Prise en compte du paiement via l'attribution d'une dépense ou d'une perte d'une catégorie équivalente

73. Les juridictions qui exonèrent un revenu de source étrangère appliquent généralement des règles limitant la déductibilité des charges engagées par un contribuable pour produire ce revenu. Lorsque la juridiction de résidence applique au niveau national des règles limitant la déductibilité des charges engagées par la succursale pour produire le revenu, alors l'effet de cette limitation devrait être pris en compte pour déterminer dans quelle mesure la règle relative aux paiements réputés effectués par une succursale a conduit à ne pas prendre en compte un paiement réputé effectué. On devrait considérer qu'une juridiction de résidence qui n'inclut pas directement dans le revenu un paiement réputé effectué a pris en compte ce paiement en tant que juridiction du bénéficiaire dans la mesure où elle refuse au siège une déduction au titre d'une dépense d'une catégorie équivalente au motif que cette dépense a été attribuée à la juridiction du payeur sous réserve qu'elle n'ait pas déjà été considérée comme déductible au niveau de la succursale.

74. Les règles limitant la déductibilité d'une charge ou d'une perte peuvent être appliquées par la juridiction du siège au cas par cas à chaque élément de charge ou de perte ou au moyen d'une répartition d'une catégorie générale de charges entre le siège et ses succursales. Cette répartition peut s'effectuer conformément à une formule réglementaire ou administrative

prenant en compte des facteurs tels que la nature de la charge ou de la perte (y compris les conditions dans lesquelles la charge ou la perte est supportée); la nature et la portée des activités exercées dans les succursales et le siège; et l'équilibre entre les actifs détenus et les revenus produits dans chaque juridiction.

75. À la différence de la démarche décrite précédemment, consistant à retracer le paiement pour déterminer si un paiement notionnel représente une charge réelle du contribuable ou est calculée en référence à une charge réelle du contribuable, la démarche consistant à déterminer si un paiement réputé effectué relève d'une *catégorie équivalente* à celle de l'élément de charge ou de perte supportée dans la juridiction du siège revient à appliquer un critère plus large, ce qui doit être fait sur une base comparable. Sous réserve que le paiement réputé effectué et les charges attribuées se rapportent à la même catégorie générale d'actifs, de fonctions ou de risques (c'est-à-dire qu'une explication simple puisse être donnée pour justifier la relation entre le paiement réputé effectué et la charge ou la perte attribuée), il convient de considérer les deux éléments comme relevant d'une catégorie équivalente aux fins de la Recommandation 3.

76. Le paiement réputé effectué ne doit pas nécessairement être exactement du même type que la charge ou la perte attribuée par le siège et ne doit pas nécessairement être calculé sur la même base pour que l'on considère qu'il relève de la même catégorie. Un paiement réputé effectué ne doit toutefois être pris en compte via l'attribution d'une catégorie équivalente de charges ou de pertes qu'à concurrence du montant effectivement attribué à la juridiction du payeur et dans la mesure où la prise en compte de la charge ou de la perte a été refusée dans la juridiction du payeur en raison de cette attribution.

77. Dans l'**exemple 4,** le contribuable fournit des services informatiques à des clients d'un autre pays via une succursale exonérée d'impôt située dans ce pays. En vertu de la législation de la juridiction de la succursale, cette dernière est autorisée à déduire un paiement notionnel au titre de redevances versées au siège. Ce paiement vise à rendre compte d'une rémunération au prix de pleine concurrence de l'utilisation de la propriété intellectuelle par la succursale aux fins de fournir des services à ses propres clients. La juridiction de résidence aurait normalement autorisé le siège à déduire les frais de recherche et développement (R&D) supportés au regard de la propriété intellectuelle utilisée par la succursale. En l'espèce cependant, la déduction est refusée au motif que le revenu de la succursale est exonéré d'impôt en vertu de la législation de la juridiction de résidence. Dans ce cas, le paiement réputé effectué et les frais de R&D se rapportent à la même catégorie générale d'actifs (propriété intellectuelle exploitée par la succursale) et le motif pour lequel la déduction des frais de R&D a été refusée dans la juridiction du payeur indique qu'il existe une relation directe entre le paiement réputé effectué et la charge ou la perte attribuée. En conséquence, ces deux éléments sont considérés comme relevant d'une catégorie équivalente aux fins de la règle relative aux paiements réputés effectués par une succursale nonobstant le fait que le paiement réputé effectué (redevance en l'occurrence) ne relève pas de la même catégorie de charges que celle attribuée par le siège (frais de R&D) et n'a pas été calculé sur la même base.

78. Dans l'**exemple 8,** la juridiction de la succursale autorise la succursale à déduire un paiement réputé effectué au titre d'intérêts versés en faveur du siège. Parallèlement, les règles applicables dans la juridiction de résidence obligent le siège à considérer une fraction des charges d'intérêts supportées par le contribuable comme imputables à la succursale (cette fraction est en conséquence non déductible en vertu de la législation de la juridiction de résidence). Dans ce cas, le paiement réputé effectué et les charges d'intérêts attribuées relèvent de la même catégorie de coût de financement et en conséquence, les deux éléments

doivent être considérés comme relevant d'une catégorie équivalente aux fins de la règle relative aux paiements réputés effectués par une succursale. Il est rappelé dans l'exemple que même si les coûts de financement imputés dans la juridiction de résidence se rapportent à un contrat d'échange (swap), à un produit dérivé ou à des frais de garantie, ils devraient néanmoins être considérés comme des dépenses d'une catégorie équivalente malgré le fait qu'ils soient de différente nature et calculés sur une base différente.

79. Parce que les règles nationales limitant la déductibilité n'ont pas nécessairement vocation à permettre d'affecter exactement les charges à d'autres juridictions, le contribuable devrait être autorisé à utiliser une formule identique à celle utilisée pour limiter la déductibilité des dépenses (moyennant, le cas échéant, les ajustements nécessaires) pour calculer le montant pouvant être considéré comme attribué à la juridiction d'une succursale ; pour ce faire, il pourrait par exemple déterminer quelle aurait été la portée de la limitation de la déductibilité dans la juridiction de la succursale si ces règles de limitation s'étaient appliquées dans cette juridiction. Par exemple, le siège peut être soumis à des restrictions en matière de déductibilité des intérêts fondées sur le fait qu'une fraction des fonds empruntés a été employée pour financer les activités de succursales étrangères exonérées. Dans ce cas, le contribuable pourrait être autorisé à appliquer séparément à la succursale la même formule concernant la limitation des intérêts déductibles (moyennant, le cas échéant, les ajustements nécessaires) afin de déterminer le montant des intérêts déductibles ayant été attribués à cette dernière.

L'asymétrie doit résulter du fait que le paiement n'est pas pris en compte

80. La règle relative aux paiements réputés effectués par une succursale s'applique uniquement lorsque l'effet de déduction/non-inclusion provient du fait que le paiement n'a pas été pris en compte dans la juridiction du bénéficiaire ; elle ne devrait donc pas s'appliquer par exemple lorsque le bénéficiaire du paiement aurait bénéficié d'une exonération ou d'une exclusion au regard du paiement en vertu de la législation de sa juridiction. Dans le contexte de la règle relative aux asymétries impliquant une succursale recevant un paiement, le présent rapport préconise l'application d'une analyse contrefactuelle consistant à examiner ce qu'aurait été le traitement fiscal d'un paiement qui n'a pas été affecté correctement si ledit paiement avait été pris en compte par le siège. Cette même analyse contrefactuelle ne peut être appliquée dans le contexte de la Recommandation 3 lorsque le paiement ne bénéficie pas d'une qualification juridique propre. Néanmoins, pour parvenir à une parité des résultats entre ceux résultant de l'application des règles relatives aux asymétries impliquant une succursale recevant un paiement et des paiements hybrides non pris en compte, il conviendrait de procéder à un ajustement uniquement lorsque le bénéficiaire du paiement est une personne assujettie à l'impôt en vertu de la législation de la juridiction du bénéficiaire.

Recommandation 3.3 – La règle ne s'applique qu'aux paiements aboutissant à une asymétrie au niveau de la succursale

81. Un paiement réputé effectué ne sera pas considéré comme donnant lieu à une asymétrie au plan fiscal si la déduction résultant de ce paiement n'excède pas le revenu soumis à une double inclusion. Déterminer si un élément doit être considéré comme un revenu soumis à une double inclusion relève avant tout d'une question de droit exigeant une analyse du traitement réservé au revenu en vertu des législations des deux juridictions concernées. Un montant donné doit être considéré comme un revenu soumis à une double inclusion s'il est pris en compte dans le revenu en vertu des législations des deux juridictions concernées même s'il existe des différences dans la manière dont ces juridictions évaluent cet élément ou

des différences au niveau de la période comptable au titre de laquelle le revenu est produit. Dans la plupart des cas, il est relativement simple pour la juridiction du payeur d'identifier les éléments de revenu qui sont soumis à l'impôt en vertu des législations des juridictions du payeur et du bénéficiaire.

82. L'imputation d'un paiement réputé effectué par une succursale sur un élément de revenu soumis à une double inclusion est illustrée par l'**exemple 2** dans lequel un paiement réputé effectué est réalisé au profit du siège par une succursale imposable (c'est-à-dire une succursale dont le revenu est intégralement soumis à l'impôt en vertu de la législation de résidence). Il est noté dans l'exemple qu'en l'espèce, lorsque le résultat d'exploitation de la succursale est inclus dans le revenu ordinaire dans les deux juridictions, il est probable que le champ d'application de la règle relative aux paiements réputés effectués par une succursale sera limité du fait que le paiement réputé effectué sera généralement imputé sur le revenu soumis à une double inclusion. Dans l'**exemple 3,** le contribuable restructure ses activités dans la juridiction de la succursale et établit une entité hybride inversée ayant vocation à fournir certains services à d'anciens clients de la succursale. Bien que la restructuration aboutisse à une réduction du montant du revenu soumis à une double inclusion, il n'y a toujours aucune obligation, pour la juridiction de la succursale, de refuser une déduction au titre du paiement réputé effectué en vertu de la Recommandation 3 étant donné que le montant total du revenu soumis à une double inclusion excède encore, dans le cadre de cette structure, celui du paiement réputé effectué.

Crédits d'impôt étranger

83. Un élément considéré comme un revenu imposable d'une succursale imposable devrait continuer à être considéré comme un revenu soumis à une double inclusion même lorsque la juridiction de résidence accorde un crédit d'impôt étranger au titre de l'impôt acquitté au niveau de la succursale. Comme indiqué dans le Rapport sur l'Action 2 (OCDE, 2017), au regard des paiements hybrides non pris en compte :

> « Les mesures visant à éviter une double imposition, comme une exonération des dividendes nationaux accordée par la juridiction du payeur, ou un crédit d'impôt étranger accordée par celle du bénéficiaire, ne devraient pas empêcher qu'un élément de revenu soit considéré comme soumis à une double inclusion lorsque l'allégement fiscal ainsi accordé permet simplement de soustraire cet élément de revenu à une strate supplémentaire d'impôt dans l'une des deux juridictions[1]. »

Il est toutefois indiqué dans le rapport que de telles mesures d'élimination de la double imposition peuvent soulever des préoccupations en matière fiscale si elles génèrent un allégement fiscal excédentaire pouvant être imputé sur un revenu n'ayant pas fait l'objet d'une double inclusion.

84. Si le paiement de l'impôt au niveau de la succursale peut donner lieu à la revendication de crédits d'impôt étranger directs en vertu de la législation de la juridiction de résidence, ces crédits ne devraient pas soulever de questions de politique fiscale dès lors que la juridiction de résidence dispose de règles limitant le montant des crédits d'impôt étranger directs en référence au montant total du revenu étranger généré au niveau de la succursale. Ces règles permettront en général de prévenir l'imputation de tout crédit excédentaire sur un revenu non lié non soumis à une double inclusion. Les crédits d'impôt étranger directs peuvent néanmoins donner lieu à un allègement fiscal supplémentaire lorsque la succursale produit à la fois des revenus soumis à une double inclusion et des revenus non soumis à une double inclusion et lorsque les paiements réputés effectués conduisent à calculer sur une base différente le revenu de la succursale selon les législations respectives des juridictions

du payeur et du bénéficiaire. Dans ce cas, la juridiction du bénéficiaire pourrait envisager d'ajuster le montant du revenu étranger pris en compte pour déterminer l'éligibilité du contribuable à un crédit d'impôt étranger afin de tenir compte de la déduction revendiquée au titre du paiement non pris en compte. La limitation des crédits d'impôt étranger dans la juridiction du bénéficiaire est examinée dans l'**exemple 3** dans lequel il est indiqué que la juridiction de résidence peut chercher à limiter le montant du crédit d'impôt étranger direct accordé (que le siège peut réclamer) au titre du revenu provenant d'une succursale imposable à concurrence du bénéfice net (ajusté) de la succursale après prise en compte de l'effet des paiements notionnels n'ayant pas été pris en compte par le siège. En l'absence de toute limitation de cette nature dans la juridiction de résidence, la juridiction de la succursale peut envisager de restreindre la portée de la définition de revenu soumis à une double inclusion de façon à ne pas prendre en compte un revenu ayant fait l'objet d'une exonération d'impôt dans la juridiction de résidence obtenue grâce à des crédits d'impôt étrangers supplémentaires (à savoir des crédits d'impôt accordés sur des revenus n'ayant pas, de fait, été pris en compte en vertu de la législation de la juridiction de la succursale). Les pays qui introduisent des règles de limitation des crédits d'impôt de cette nature devraient s'efforcer d'atteindre un équilibre entre les règles qui permettent de réduire au minimum les coûts de discipline fiscale, celles qui préservent l'effet prévu d'un tel allègement de la double imposition et celles qui empêchent les contribuables d'adhérer à des structures compromettant l'intégrité des règles relatives aux asymétries impliquant une succursale. La Recommandation 3 ne devrait toutefois pas être interprétée comme obligeant les pays à revenir sur des décisions qu'ils ont prises concernant l'application territoriale de leur système d'imposition. Elle invite donc seulement les juridictions à envisager de modifier la portée de leurs règles relatives aux crédits d'impôt étrangers afin d'éliminer les asymétries impliquant une succursale dans la mesure où ces changements sont cohérents avec les autres composantes de leur politique fiscale.

Note

1. Voir Rapport sur l'Action 2 (OCDE, 2017), paragraphe 126.

Bibliographie

OCDE (2017), *Neutraliser les effets des dispositifs hybrides, Action 2 – Rapport final 2015*, Éditions OCDE, Paris, http://dx.doi.org/10.1787/9789264255104-fr.

Chapitre 4

Règle applicable en cas de double déduction

1. Traitement de l'effet de double déduction

Dans la mesure où un effet de double déduction donne lieu à une asymétrie au niveau de la succursale :

a. la déduction devrait être refusée dans la juridiction de l'investisseur; et

b. lorsqu'elle n'est pas refusée dans la juridiction de l'investisseur, alors la déduction devrait être refusée dans la juridiction du payeur.

Toute déduction devrait cependant pouvoir être imputée sur un revenu soumis à une double inclusion, que celui-ci soit produit pendant la même période ou pendant une période ultérieure.

2. Effet de double déduction

Un effet de double déduction se produit lorsqu'une déduction est accordée au titre du même paiement, de la même charge ou de la même perte dans la juridiction où ce paiement est effectué, ou dans celle où cette charge ou cette perte est supportée (la juridiction du payeur), et dans une autre juridiction (la juridiction de l'investisseur).

3. Pas d'asymétrie au niveau de la succursale dans la mesure où il y a imputation sur un revenu soumis à une double inclusion

Une double déduction donnera lieu à une asymétrie au niveau de la succursale uniquement dans la mesure où la juridiction du payeur autorise l'imputation de la déduction sur un montant qui n'est pas un revenu soumis à une double inclusion.

Synthèse

85. Un contribuable qui supporte une charge dans le cadre d'une structure transfrontière (y compris au travers d'une succursale étrangère) peut être à même de déduire de cette charge en vertu des législations de deux ou plusieurs juridictions. L'effet de double déduction qui en résulte soulèvera des questions de politique fiscale lorsque les lois des deux juridictions autorisent l'imputation de la déduction sur un montant qui n'est pas considéré comme un revenu selon les lois de l'autre juridiction (à savoir sur un revenu qui n'est pas « soumis à une double inclusion »). La logique de la règle applicable en cas de double déduction consiste à limiter la déduction accordée à un contribuable au montant du revenu soumis à une double inclusion dans des circonstances où la déduction opérée dans l'autre juridiction n'est pas soumise à des restrictions équivalentes.

86. Comme indiqué dans l'introduction du présent rapport, les questions soulevées par l'effet de double déduction sont traitées dans le chapitre 6 du Rapport sur l'Action 2 (OCDE, 2017) dans laquelle sont présentées les règles applicables aux dispositifs hybrides destinées à en neutraliser les effets. Si la formulation des recommandations énoncées dans le chapitre 6 est suffisamment large pour couvrir les effets de double déduction résultant de structures comportant des succursales, le Rapport sur l'Action 2 (OCDE, 2017) ne porte pas, dans le détail, sur l'application de la règle relative aux paiements hybrides déductibles à des dépenses engagées par une succursale.

87. La Recommandation 4 énoncée dans le présent rapport a pour but de préciser la portée que l'on souhaite donner, dans le Rapport sur l'Action 2 (OCDE, 2017), à la règle relative aux paiements hybrides déductibles en réaffirmant et en clarifiant l'application de cette règle dans le contexte de structures comportant des succursales. Cette recommandation complète, mais ne remplace pas, le chapitre 6 du Rapport sur l'Action 2 (OCDE, 2017) et suit une formulation cohérente avec ATAD[1]. Dans la plupart des cas, on attend des pays qu'ils traitent les effets la de double déduction résultant de l'utilisation d'entités hybrides et de succursales selon les mêmes règles.

Recommandation 4.1 – Traitement des effets de double déduction

88. Conformément à la règle applicable en cas de double déduction, la recommandation principale veut que la juridiction de l'investisseur (de résidence) limite la déductibilité de tout paiement, de toute charge ou de toute perte qui est également déductible en vertu de la législation de la juridiction du payeur (de la succursale) de sorte que le montant correspondant puisse être uniquement imputé sur un revenu soumis à une double inclusion. Cette règle défensive, qui impose le même type de restriction dans la juridiction du payeur, s'appliquera uniquement dans l'hypothèse où l'effet de l'asymétrie n'est pas neutralisé dans la juridiction de l'investisseur. Ces règles s'appliquent lorsqu' une succursale existe en vertu de la législation de la juridiction du payeur indépendamment du fait que la juridiction de résidence reconnaisse, ou non, l'existence d'une succursale dans la juridiction du payeur.

89. La Recommandation 4.1 autorise le report en avant sur une autre période des déductions excédentaires soumises à restriction en vertu de la règle relative à la double déduction, conformément aux règles ordinaires de la juridiction gouvernant le traitement des pertes nettes, et leur imputation sur un revenu soumis à une double inclusion au titre de cette période. Elle fait écho à la Recommandation 6 du Rapport sur l'Action 2 (OCDE, 2017) pour la règle applicable aux paiements hybrides déductibles. Parce que la règle s'applique uniquement en cas de double déduction « dans la mesure où la juridiction du payeur *autorise* l'imputation de la déduction sur » un revenu non soumis à une double inclusion,

elle ne limite pas la déductibilité des pertes irrécupérables (voir discussion portant sur la Recommandation 4.3 ci-après).

Recommandation 4.2 – Effet de double déduction

90. À la différence des situations visées par les Recommandations 2 et 3 qui s'appliquent aux paiements ou paiements réputés effectués donnant lieu à des effets de déduction/non-inclusion, des effets de double déduction peuvent également survenir au regard d'éléments non monétaires tels que les dépréciations ou amortissements.

91. La règle applicable en cas de double déduction ne devrait s'appliquer que dans la mesure où un contribuable peut effectivement prétendre à une déduction au titre d'un paiement en vertu de la législation locale. En conséquence, elle ne s'appliquera pas dans la mesure où le contribuable est soumis, en vertu de la législation de la juridiction de l'investisseur ou du payeur, à des règles spécifiques visant des transactions ou des entités empêchant la déduction du paiement. Ces restrictions à la déductibilité peuvent notamment être imposées par des règles relatives aux asymétries hybrides ou aux asymétries hybrides impliquant une succursale qui conduisent à refuser au contribuable une déduction afin de neutraliser un effet de déduction/non-inclusion direct ou indirect.

92. Si un paiement a déclenché une déduction en vertu des législations de deux ou plusieurs juridictions, alors l'existence de différences entre les règles appliquées par les juridictions du payeur et de l'investisseur pour la détermination de la valeur de ce paiement n'aura généralement pas d'effet sur la mesure dans laquelle un paiement a donné lieu à une asymétrie dans les résultats fiscaux. De même, l'application de la règle régissant les cas de double déduction ne dépend pas de la date de la déduction ou de la réception du paiement dans l'autre juridiction.

93. Pour déterminer les paiements qui ont donné lieu à une double déduction (et les éléments de revenu qui sont soumis à une double inclusion), il faut comparer la manière dont ces éléments sont traités fiscalement au niveau national et selon les lois de l'autre juridiction. Il est possible de se livrer à une comparaison ligne par ligne de chaque élément de revenu ou dépense dans des cas simples où la succursale exerce des fonctions limitées (voir **exemple 9**). Dans des cas plus complexes cependant, lorsque le contribuable a réalisé, par l'intermédiaire de la succursale, un certain nombre de transactions donnant lieu à différents types de revenus et de charges, les pays souhaiteront peut-être adopter une solution plus simple pour repérer les doubles déductions et les revenus soumis à une double inclusion. La manière dont les doubles déductions surviennent différera d'une juridiction à l'autre et les pays devront choisir une solution pour la mise en œuvre qui soit fondée, autant que possible, sur les règles, orientations administratives, hypothèses et modes de calcul de l'impôt en vigueur au niveau national, tout en servant les objectifs essentiels de la Recommandation 4.

94. Dans le cas d'activités d'une succursale commerciale, il sera généralement impossible qu'un contribuable ait recours à une comparaison ligne par ligne de chaque élément de revenu ou de charge pour déterminer si le montant de la double déduction dépasse celui du revenu soumis à une double inclusion. Dans ce cas, le contribuable pourrait déterminer de manière globale le montant des doubles déductions en comparant le total des déductions revendiquées aux titre des charges et pertes réelles dans chaque juridiction aux chares totales concernées du contribuable et en considérant que le solde excédentaire pourrait être considéré comme une double déduction (devant donner lieu à un ajustement conformément à la Recommandation 4) dans la mesure où il ne peut être expliqué par

des différences temporelles ou de valorisation. Cette comparaison pourrait être effectuée catégorie par catégorie, succursale par succursale ou à l'échelle de l'entité toute entière, mais le contribuable ne devrait toutefois être censé procéder à l'ajustement que dans une juridiction.

95. L'**exemple 6** et l'**exemple 7** illustrent l'application de la règle de neutralisation des effets de double déduction à une entité disposant de succursales opérationnelles. Ces succursales supportent des charges donnant lieu à des déductions excessives. Dans les deux cas, le solde excédentaire est considéré comme une double déduction (donnant lieu à ajustement conformément à la Recommandation 4) dans la mesure où il ne peut être expliqué uniquement par des différences temporelles ou de valorisation. Dans l'**exemple 6,** le siège applique la règle principale conformément à la Recommandation 4 en additionnant les déductions revendiquées au titre des charges et pertes réelles supportées dans chaque juridiction et en comparant le montant ainsi obtenu au total (ajusté en fonction des impôts) des dépenses du contribuable. Cet ajustement a pour effet de neutraliser l'asymétrie liée à toutes les doubles comptabilisations de charges revendiquées dans les juridictions où le contribuable exerce des activités. De même, dans l'**exemple 7**, la juridiction de la succursale applique la règle secondaire en comparant les déductions fiscales cumulées revendiquées au titre de charges et de pertes réelles dans les juridictions de la succursale et du siège avec les dépenses réelles engagées dans ces juridictions. Cet ajustement opéré en vertu de la règle secondaire prévue dans la Recommandation 4 a pour effet de neutraliser seulement les asymétries associées à toutes les doubles comptabilisations de charges revendiquées dans la juridiction de la succursale et du siège.

Recommandation 4.3 – Pas d'asymétrie impliquant une succursale dans la mesure où il y a imputation sur un revenu soumis à une double inclusion

96. La Recommandation 4.3 vise à limiter l'application de la règle de neutralisation des effets de double déduction aux cas où la juridiction du payeur autorise l'imputation de la déduction sur un revenu non soumis à une double inclusion.

97. Lorsque la juridiction de résidence prévoit une exonération de portée générale du revenu de la succursale, il est alors probable que toute déduction opérée au niveau de la succursale (également déductible dans la juridiction de résidence) aboutira à l'imputation de cette déduction sur un revenu qui n'est pas soumis à l'impôt dans la juridiction de résidence. Des paiements effectués par une succursale peuvent toutefois donner lieu à une double déduction dans le contexte d'une succursale imposable lorsque la succursale est autorisée à faire partie d'un groupe fiscal ou lorsqu'un autre mécanisme mis en place dans la juridiction de la succursale autorise l'imputation de charges ou de pertes sur le revenu produit par un autre personne qui n'est pas imposable en vertu de la législation de la juridiction de résidence. L'**exemple 3** illustre le cas d'une structure comportant des succursales donnant lieu à double déduction et faisant intervenir une succursale imposable dans lequel le contribuable restructure les activités de ses succursales et établit une entité hybride inversée pour fournir certains services à d'anciens clients des succursales. On trouve un autre exemple de structure de cette nature dans l'**exemple 10** dans lequel le contribuable crée en même temps une activité exercée par une succursale et une filiale à l'étranger dans une juridiction étrangère qui autorise la filiale et la succursale à constituer un groupe à des fins fiscales.

Date d'enregistrement de la déduction

98. La Recommandation 6.3 figurant dans le Rapport sur l'Action 2 (OCDE, 2017) impose un ajustement conformément à la règle relative aux paiements hybrides déductibles dans les cas où la déduction *peut* être imputée sur un revenu non soumis à une double inclusion dans la juridiction du payeur. Il est précisé dans le Rapport sur l'Action 2 (OCDE, 2017) qu'il n'est pas nécessaire qu'une administration fiscale sache si la déduction a effectivement été imputée sur un revenu non soumis à une double inclusion dans l'autre juridiction avant qu'il soit soumis à restriction conformément à la règle. Les règles prévoient toutefois également un mécanisme autorisant les juridictions à accorder le report en avant des déductions sur une période ultérieure lorsque celles-ci peuvent être imputées sur un revenu excédentaire soumis à une double inclusion.

99. Dans certains cas, l'application de la règle relative aux paiements hybrides déductibles peut générer des pertes en limitant une déduction dans une juridiction bien que la déduction accordée dans l'autre juridiction ne puisse, dans la pratique, être imputée sur un quelconque revenu dans cette juridiction (parce que, par exemple, l'activité conduite dans cette juridiction donne lieu à une situation de perte nette). Dans ce cas, la Recommandation 6.1(d)(ii) du Rapport sur l'Action 2 (OCDE, 2017) prévoit qu'une administration fiscale peut autoriser l'imputation des déductions excédentaires sur un revenu non soumis à une double inclusion si le contribuable peut établir que la déduction opérée dans l'autre juridiction ne peut être imputée sur un quelconque revenu qui ne constitue pas un revenu non soumis à une double inclusion. Le traitement des pertes irrécupérables est examiné dans l'exemple 6.2 du Rapport sur l'Action 2 (OCDE, 2017) dans lequel un contribuable subit des pertes dans une succursale étrangère. Dans cet exemple, il apparaît que la règle relative aux paiements hybrides déductibles risque de générer des « pertes irrécupérables » si le contribuable abandonne ses activités dans la juridiction du payeur et liquide la succursale à une date à laquelle il n'a pas encore utilisé les reports en avant de pertes autorisés au titre d'un exercice antérieur. Il est précisé dans l'exemple que l'administration fiscale peut autoriser le contribuable à imputer toute déduction excédentaire sur un revenu non soumis à une double inclusion sous réserve qu'il puisse établir que la liquidation de la succursale l'empêchera d'utiliser les pertes correspondantes d'une quelconque autre manière.

100. Refuser (ou limiter) la déduction à la date à laquelle naît le droit à déduction (comme envisagé conformément au Rapport sur l' Action 2) peut avoir un effet involontaire sur les investissements directs réalisés par l'intermédiaire de succursales imposables et d'entités transparentes. En particulier, refuser au contribuable la reconnaissance d'une perte subie par la succursale ou l'entité hybride jusqu'à ce que le contribuable obtienne un revenu soumis à une double inclusion peut compromettre l'un des principaux objectifs fiscaux justifiant l'exercice d'une activité par l'intermédiaire d'une succursale ou d'une entité fiscalement transparente. Une telle règle pourrait décourager l'investissement par l'intermédiaire de succursales ou d'entité transparentes étrangères alors que des pertes sont possibles les premières années. Ce problème pourrait être résolu si la règle relative à la double déduction ne limitait la déduction que dans la mesure où la double déduction a effectivement été imputée sur un revenu non soumis à une double inclusion dans la juridiction de la contrepartie, ce qui signifierait que les contribuables exerçant des activités par l'intermédiaire d'une succursale imposable (ou réalisant des investissements par l'intermédiaire d'une entité transparente) pourraient continuer de déduire les pertes imputables à leurs investissements à l'étranger et que des ajustements ne seraient nécessaires que dans la mesure où et lorsque les pertes seraient imputées sur un revenu non soumis à une double inclusion dans la juridiction de la contrepartie. Cette solution permettrait également de ne pas avoir à autoriser des ajustements au titre de pertes irrécupérables.

101. La Recommandation 4.3 prévoit par conséquent qu'une double déduction ne donnera lieu à une asymétrie impliquant une succursale que dans la mesure où la juridiction du payeur autorise l'imputation de la déduction sur un montant qui ne constitue pas un revenu soumis à une double inclusion. Cette ambiguïté quant à la date à laquelle l'allègement est accordé donne à la juridiction une marge de manœuvre pour opérer un ajustement conformément à la règle de neutralisation des effets de double déduction à la date à laquelle naît le droit à déduction (conformément au traitement décrit dans la Recommandation 6.3 du Rapport sur l'Action 2 [OCDE, 2017]) ou à la date à laquelle la déduction est effectivement imputée sur le revenu soumis à une double inclusion en vertu de la législation de la juridiction du payeur. Il est probable que les règles adoptées par les pays en application des recommandations visant à neutraliser les effets de double déduction liés à des entités hybrides et des succursales seront identiques (ou similaires) et que les juridictions pourront considérer que tout report de l'ajustement autorisé, en vertu de la règle relative à la double déduction, au titre de déductions revendiquées grâce à une succursale imposable doit également s'appliquer aux effets de double déduction résultant du recours à une entité hybride.

102. La différence au niveau de la date à laquelle est opéré l'ajustement conformément à la Recommandation 4 est illustrée dans l'**exemple 10**. Dans cet exemple, une société-mère bénéficiaire crée une filiale et une activité exercée par l'intermédiaire d'une succursale dans une autre juridiction. La législation de cette juridiction autorise la succursale et la filiale à constituer un groupe à des fins fiscales. La succursale supporte des dépenses qui génèrent des pertes nettes au cours des deux premières années d'activité. La succursale devient ensuite bénéficiaire la troisième année. En vertu de la législation de la juridiction étrangère, les pertes initiales sont en partie imputables sur le revenu de la filiale. L'exemple illustre la différence entre les ajustements qui pourraient être opérés pour mettre en application la règle de neutralisation des effets de double déduction dans la juridiction de résidence.

a. Selon la méthode décrite dans le Rapport sur l' Action 2 (laquelle impose un ajustement à chaque fois que la déduction *peut* être imputée sur un revenu non soumis à une double inclusion dans la juridiction étrangère), le siège procède à un ajustement en vertu de la législation de la juridiction de résidence portant sur l'intégralité du montant des pertes de la succursale au titre de chacune des deux années, et au report en avant des pertes de la succursale en vue de leur imputation sur le revenu de la succursale soumis à une double inclusion la troisième année.

b. Selon l'autre méthode autorisée conformément à la Recommandation 4.3 ci-avant (laquelle impose un ajustement uniquement lorsque la juridiction du payeur *autorise* l'imputation de la déduction sur un revenu non soumis à une double inclusion), le siège peut revendiquer une fraction des pertes de la succursale pendant la période initiale (dans la mesure où celles-ci n'ont pas été imputées dans la juridiction du payeur sur le revenu de la filiale), mais elle est tenue de tenir compte des revenus supplémentaires perçus au cours des années suivantes étant donné que les pertes ayant fait l'objet d'un report en avant dans la juridiction du payeur sont imputées sur un revenu non soumis à une double inclusion.

Note

1. Directive du Conseil de l'UE modifiant la directive (UE) 2016/1164 relative aux dispositifs hybrides faisant intervenir des pays tiers du 12 mai 2017 (« ATAD 2 »).

Bibliographie

Conseil de l'Union Européenne (2017), Directive du Conseil de l'UE modifiant la directive (UE) 2016/1164 relative aux dispositifs hybrides faisant intervenir des pays tiers du 12 mai 2017 (« ATAD 2 »), http://data.consilium.europa.eu/doc/document/ST-6661-2017-INIT/fr/pdf (dernier accès le 19 juin 2017).

OCDE (2017), *Neutraliser les effets des dispositifs hybrides, Action 2 – Rapport final 2015*, Éditions OCDE, Paris, http://dx.doi.org/10.1787/9789264255104-fr.

Chapitre 5

Règle relative aux asymétries importées impliquant une succursale

1. Traitement des asymétries importées impliquant une succursale

La juridiction du payeur devrait refuser toute déduction au titre d'un quelconque paiement effectué dans le cadre d'un dispositif hybride importé impliquant une succursale dans la mesure où un tel paiement sert, directement ou indirectement, à financer une charge déductible dans le cadre d'un autre dispositif hybride impliquant une succursale.

2. Asymétrie importée impliquant une succursale

Une asymétrie importée impliquant une succursale est une transaction ou une série de transactions mise(s) en place :

a. entre les membres d'un groupe sous contrôle commun ; ou

b. dans le cadre d'un accord structuré auquel le payeur est partie,

servant, directement ou indirectement, à financer une charge déductible dans le cadre d'un dispositif hybride impliquant une succursale.

3. Limitation de la portée de la recommandation

Cette recommandation ne s'applique pas lorsque l'une des juridictions parties à la transaction ou à la série de transactions a procédé à un ajustement équivalent pour corriger l'asymétrie impliquant une succursale.

Synthèse

103. Comme indiqué dans l'introduction du présent rapport, un paiement déductible peut donner lieu à une asymétrie importée impliquant une succursale lorsque ce paiement sert, directement ou indirectement, à financer une dépense déductible dans le cadre d'un dispositif hybride impliquant une succursale. La règle applicable aux asymétries importées a pour objectif d'empêcher les contribuables de recourir à des dispositifs structurés ou à des dispositifs mis en place avec les membres du même groupe pour transférer dans leur juridiction l'effet d'une asymétrie impliquant une succursale à l'étranger grâce à l'utilisation d'un instrument tel qu'un prêt ordinaire.

104. La Recommandation 5 de ce rapport étend la portée de la règle applicable aux asymétries importées formulée dans le Rapport sur l'Action 2 (OCDE, 2017) au cas des asymétries importées impliquant une succursale. Cette recommandation complète, sans les remplacer, les recommandations du Rapport sur l'Action 2 (OCDE, 2017) relatives aux asymétries importées. De plus, sa formulation est cohérente avec celle utilisée dans la Directive ATAD 2 [1].

105. Les asymétries impliquant une succursale visent à tirer profit de l'absence de règles efficaces applicables à de telles asymétries dans les juridictions étrangères pour faire naître une asymétrie dans les résultats fiscaux pouvant par la suite être importée dans la juridiction du payeur. L'adoption, par l'ensemble des juridictions, des règles préconisées dans le présent rapport constitue le rempart le plus efficace contre les asymétries importées impliquant une succursale. Ces règles visent à neutraliser les effets du dispositif hybride impliquant une succursale dans la juridiction où il apparaît, et à prévenir l'importation de ces effets dans une troisième juridiction.

106. La principale finalité de la règle applicable aux asymétries importées impliquant une succursale est de préserver l'intégrité des autres règles relatives aux asymétries impliquant une succursale en supprimant, pour les groupes multinationaux, toute incitation à recourir à ces dispositifs. Si ces règles impliquent nécessairement un certain degré de coordination et de complexité, elles ne s'appliquent que dans la mesure où un groupe multinational crée une déduction intra-groupe dans le cadre d'un dispositif hybride impliquant une succursale et ne s'appliquent à aucun paiement effectué au profit d'un contribuable dans une juridiction ayant mis en œuvre la totalité des recommandations énoncées dans le présent rapport.

107. Afin de limiter les coûts de mise en conformité et le risque de double imposition, chaque pays appliquant les recommandations énoncées dans ce rapport devrait déployer des efforts raisonnables pour mettre en œuvre une règle applicable aux asymétries importées impliquant une succursale reprenant la méthodologie décrite dans ce rapport et pour appliquer cette méthodologie de manière fidèle. Les ajustements requis dans chaque juridiction en vertu des règles relatives aux dispositifs hybrides importés pourraient ainsi être calculés de façon cohérente pour l'ensemble du groupe et en évitant toute duplication superflue des obligations de conformité.

Recommandation 5.1 – Traitement des asymétries importées impliquant une succursale

Paiement

108. La définition du terme « paiement » utilisée dans la Recommandation 5 est identique à celle employée pour les autres recommandations. Un paiement sera considéré comme effectué dans le cadre d'un dispositif hybride importé impliquant une succursale uniquement

s'il est à la fois déductible selon les lois de la juridiction du payeur et quil procure un revenu ordinaire selon les lois de la juridiction du bénéficiaire. Cette définition englobe donc les loyers, redevances, intérêts et paiements pour prestations de services, mais ne recouvre généralement pas les montants considérés comme perçus en contrepartie de la cession d'un actif. Un paiement effectué au profit d'une personne qui n'est contribuable dans aucune juridiction ne sera pas considéré comme un paiement suscitant une asymétrie importée.

109. Un paiement doit être réputé avoir servi à financer une charge dans le cadre d'un dispositif hybride impliquant une succursale lorsque le produit de ce paiement est directement imputé sur une charge déductible au titre d'un tel dispositif ou lorsqu'il fait indirectement l'objet d'une telle imputation par le biais d'une succession de paiements interconnectés ou de compensations intra-groupe entre contribuables intermédiaires. Toutefois, un paiement qui s'impute sur une charge déductible au titre d'un paiement réputé effectué par une succursale, ou d'un paiement d'une succursale donnant lieu à une double déduction, ne devrait pas être considéré comme ayant servi à financer une charge dans le cadre d'un dispositif hybride importé impliquant une succursale lorsque ce paiement est considéré comme un revenu soumis à une double inclusion.

110. Ce principe est décrit dans l'**exemple 11**, lequel illustre un paiement intra-groupe au profit d'une succursale qui est imputé sur un paiement réputé avoir été effectué par une succursale. L'exemple souligne que le paiement intra-groupe ne sera pas soumis à un ajustement au titre de la Recommandation 5 s'il a été effectué au profit d'une succursale imposable, de sorte qu'il est inclus dans le revenu dans la juridiction du siège comme dans la juridiction de la succursale.

Règles en matière de traçabilité et de priorité

111. Les orientations figurant dans le Rapport sur l'Action 2 (OCDE, 2017) présentent les règles en matière de traçabilité et de priorité susceptibles d'être mises en œuvre par les contribuables et les administrations fiscales afin de déterminer dans quelle mesure un paiement devrait être considéré comme imputable sur une charge déductible dans le cadre d'un dispositif hybride importé. Ces règles visent en premier lieu à identifier le paiement suscitant une asymétrie hybride (« déduction hybride directe »), puis à déterminer dans quelle mesure cette déduction hybride a été financée (directement ou indirectement) par des paiements effectués par des contribuables soumis à la règle applicable aux asymétries importées (« paiements suscitant une asymétrie importée »). Les mêmes règles de traçabilité et de priorité doivent être appliquées pour déterminer dans quelle mesure un paiement sert, directement ou indirectement, à financer une charge déductible dans le cadre d'un dispositif hybride impliquant une succursale (déduction dans le cadre d'une asymétrie impliquant une succursale).

112. Afin de tenir compte des décalages dans le temps entre les juridictions et d'empêcher les groupes de mettre à profit ces décalages pour échapper aux effets de la règle applicable aux asymétries importées, il faudrait considérer qu'une déduction dans le cadre d'une asymétrie impliquant une succursale englobe toute perte nette qui a été reportée sur un exercice ultérieur dans la mesure où cette dernière résulte d'une déduction hybride. Pour réduire la complexité liée à la nécessité d'identifier les asymétries importées impliquant une succursale nées avant la publication du présent rapport, tous les reports de pertes au titre d'exercices clos au plus tard le 31 décembre 2016 devraient être exclus du champ d'application de la présente règle.

113. C'est au contribuable établi sur le territoire d'une juridiction que reviendra la charge de démontrer, de manière suffisamment convaincante pour l'administration fiscale, que la

règle relative aux asymétries importées a été correctement appliquée dans cette juridiction. Le contribuable peut s'en acquitter en fournissant à l'administration fiscale des copies des calculs effectués par le groupe accompagnées de pièces à l'appui des ajustements opérés dans d'autres juridictions en vertu de la règle relative aux asymétries importées. Les administrations fiscales s'en remettront généralement au contribuable pour leur fournir les calculs et produire les pièces justificatives. En l'absence de telles informations, une administration fiscale peut envisager d'établir de son propre chef dans quelle mesure le produit d'un paiement donnant lieu à une asymétrie importée a, directement ou indirectement, été imputé sur une charge déductible suite à une déduction dans le cadre d'une asymétrie impliquant une succursale ou sur une déduction hybride d'un autre membre du groupe.

Recommandation 5.2 – Définition d'une asymétrie importée impliquant une succursale

114. La règle relative aux « asymétries importées » s'applique aux dispositifs hybrides importés et aux dispositifs structurés mis en place au sein d'un groupe sous contrôle commun.

115. Un dispositif hybride importé impliquant une succursale doit être considéré comme structurési ce dispositif est structuré et si la déduction dans le cadre de l'asymétrie impliquant une succursale et le paiement suscitant une asymétrie importée font partie du même dispositif. La définition du terme « dispositif » figure dans la Recommandation 12 du Rapport sur l'Action 2 (OCDE, 2017) et renvoie à tout montage, plan ou accord ainsi qu'à l'ensemble des étapes et transactions par lesquelles il prend effet. Un dispositif hybride importé structuré recouvre donc non seulement les paiements et transactions suscitant l'asymétrie impliquant une succursale, mais également toutes les autres transactions et tous les autres paiements suscitant une asymétrie importée qui sont réalisés dans le cadre du même montage, plan ou accord.

Recommandation 5.3 – Limitation de la portée de la recommandation

116. Comme indiqué précédemment, le rempart le plus efficace contre les asymétries hybrides importées consiste pour toutes les juridictions à adopter les règles préconisées dans l'approche commune décrite dans l'Action 2. Ces règles suppriment l'effet du dispositif hybride faisant intervenir ou non une succursale dans les juridictions où l'asymétrie se produit, ce qui empêche d'importer cet effet d'asymétrie dans une troisième juridiction. Dès lors, la règle relative aux asymétries importées ne s'applique à aucun paiement effectué au profit d'un contribuable dans une juridiction ayant mis en œuvre la totalité des recommandations énoncées dans le Rapport sur l'Action 2 (OCDE, 2017).

Note

1. Directive du Conseil de l'UE modifiant la directive (UE) 2016/1164 relative aux dispositifs hybrides faisant intervenir des pays tiers du 12 mai 2017 (« ATAD 2 »).

Bibliographie

Conseil de l'Union Européenne (2017), Directive du Conseil de l'UE modifiant la directive (UE) 2016/1164 relative aux dispositifs hybrides faisant intervenir des pays tiers du 12 mai 2017 (« ATAD 2 »), http://data.consilium.europa.eu/doc/document/ST-6661-2017-INIT/fr/pdf (dernier accès le 19 juin 2017).

OCDE (2017), *Neutraliser les effets des dispositifs hybrides, Action 2 – Rapport final 2015*, Éditions OCDE, Paris, http://dx.doi.org/10.1787/9789264255104-fr.

Annexe A

Résumé des recommandations

Recommandation 1 – Limitation de la portée de l'exonération des succursales

1. Limitation de la portée de l'exonération des succursales

Les juridictions qui accordent une exonération à un produit d'une succursale devraient envisager d'en limiter la portée et le fonctionnement pour faire en sorte que les effets des paiements réputés effecués ou des paiements non pris en compte exclus ou exonérés d'imposition selon les lois de la juridiction de la succursale, soient dûment pris en compte selon les lois de la juridiction de résidence.

Recommandation 2 – Règle relative aux asymétries impliquant une succursale recevant un paiement

1. Refus de déduction en cas d'asymétrie impliquant une succursale recevant un paiement

La juridiction du payeur devrait refuser toute déduction au titre des paiements qui génèrent un effet de déduction/non-inclusion dès lors que l'asymétrie est induite par :

a. des différences dans l'attribution des paiements entre la juridiction de résidence et celle de la succursale ou entre les juridictions respectives de deux succursales ; ou

b. le fait que le paiement soit versé à une succursale non prise en compte.

2. Succursale non prise en compte

Une succursale non prise en compte est une succursale considérée comme ayant une présence imposable selon le droit de la juridiction de résidence (et qui est donc éligible à une exemption du revenu), mais qui n'est pas considérée comme telle selon le droit de la juridiction de la succursale.

3. Portée

Cette recommandation doit s'appliquer uniquement aux paiements réalisés dans le cadre d'un dispositif structuré ou entre membres d'un groupe sous contrôle commun.

Recommandation 3 – Règle relative aux paiements réputés effectués par une succursale

1. Refus de la déduction des paiements réputés effectués par une succursale

La juridiction qui reconnaît un paiement réputé effectué par une succursale (juridiction du payeur) doit refuser une déduction au titre de ce paiement dans la mesure où il donne lieu à une asymétrie impliquant une succursale.

2. Paiements réputés effectués par une succursale

Un paiement réputé effectué par une succursale est un paiement réputé effectué entre une succursale et le siège ou entre deux succursales du même contribuable et donnant lieu à un effet de déduction/non-inclusion résultant du fait que ce paiement n'est pas pris en compte en vertu de la législation de la juridiction considérée comme bénéficiaire du paiement (la juridiction du bénéficiaire).

3. Pas d'asymétrie impliquant une succursale dans la mesure où il y a imputation sur un revenu soumis à double inclusion

Un paiement réputé effectué par une succursale donne lieu à une asymétrie impliquant une succursale uniquement lorsque la juridiction du payeur autorise l'imputation de la déduction sur un montant qui n'est pas un revenu soumis à la double inclusion.

Recommandation 4 – Règle applicable en cas de double déduction

1. Traitement de l'effet de double déduction

Dans la mesure où un effet de double déduction donne lieu à une asymétrie au niveau de la succursale :

a. la déduction devrait être refusée dans la juridiction de l'investisseur; et

b. lorsqu'elle n'est pas refusée dans la juridiction de l'investisseur, alors la déduction devrait être refusée dans la juridiction du payeur.

Toute déduction devrait cependant pouvoir être imputée sur un revenu soumis à une double inclusion, que celui-ci soit produit pendant la même période ou pendant une période ultérieure.

2. Effet de double déduction

Un effet de double déduction se produit lorsqu'une déduction est accordée au titre du même paiement, de la même charge ou de la même perte à la fois dans la juridiction où ce paiement est effectué, ou dans celle où cette charge ou cette perte est supportée (la juridiction du payeur), et dans une autre juridiction (la juridiction de l'investisseur).

3. Pas d'asymétrie au niveau de la succursale dans la mesure où il y a imputation sur un revenu soumis à une double inclusion

Une double déduction donnera lieu à une asymétrie au niveau de la succursale uniquement lorsque la juridiction du payeur autorise l'imputation de la déduction sur un montant qui n'est pas un revenu soumis à une double inclusion.

Recommandation 5 – Règle relative aux asymmetries importées impliquant une succursale

1. Traitement des asymétries importées impliquant une succursale

La juridiction du payeur devrait refuser toute déduction au titre d'un quelconque paiement effectué dans le cadre d'un dispositif hybride importé impliquant une succursale dès lors qu'un tel paiement sert, directement ou indirectement, à financer une charge déductible dans le cadre d'un autre dispositif hybride impliquant une succursale.

2. Asymétrie importée impliquant une succursale

Une asymétrie importée impliquant une succursale est une transaction ou une série de transactions mise(s) en place :

a. entre les membres d'un groupe sous contrôle commun ; ou

b. dans le cadre d'un accord structuré auquel le payeur est partie ;

servant, directement ou indirectement, à financer une charge déductible dans le cadre d'un dispositif hybride impliquant une succursale.

3. Limitation de la portée de la recommandation

Cette recommandation ne s'applique pas lorsque l'une des juridictions parties à la transaction ou à la série de transactions a procédé à un ajustement équivalent pour corriger l'asymétrie impliquant une succursale.

Annexe B

Liste des exemples

Exemple 1

Asymétries impliquant une succursale recevant un paiement

Faits

1. Dans l'exemple illustré par le graphique ci-dessous, A Co, société établie et résidant dans le Pays A, crée B Co, une société de conception de logiciels résidant dans le Pays B. B Co crée une succursale dans le Pays C. B Co octroie une licence de logiciel à D Co, une autre société du groupe résidant dans le pays D, afin qu'elle s'en serve pour son activité de prestations de service aux clients externes. D Co paie une redevance pour licence déductible à B Co qui, en vertu des lois du Pays B, est considérée comme payée à la succursale dans le Pays C.

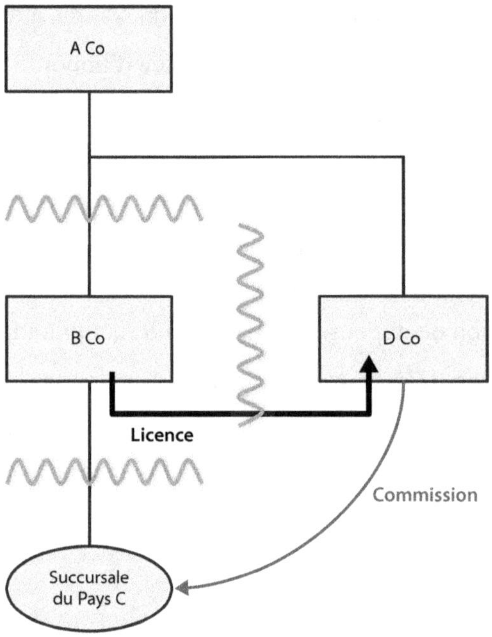

2. Le Pays B prévoit une exemption pour les revenus provenant d'une succursale étrangère, ce qui signifie que la redevance pour licence n'est pas soumise à l'impôt dans le Pays B. Elle n'est pas non plus soumise à l'impôt dans le Pays C. Cela crée un effet de déduction/non inclusion intragroupe. Il peut exister un certain nombre de raisons pour lesquelles le paiement des frais de licence n'est pas soumis à l'impôt dans le Pays C :

a. il n'existe pas d'impôt sur les sociétés dans le Pays C ou bien ce dernier impose uniquement les résidents du Pays C ;

b. les revenus des redevances pour licence payés à la succursale dans le Pays C peuvent bénéficier d'un taux d'imposition nul en vertu d'un régime spécial tel qu'une boîte à brevets (patent box) ;

c. la succursale ne crée pas de présence imposable de B Co selon le droit national du Pays C ;

d. la succursale ne correspond pas à la définition légale d'un établissement stable selon la convention fiscale entre les Pays B et C, de sorte que le paiement qu'elle reçoit n'est pas soumis à l'impôt dans le Pays C en vertu des dispositions de cette convention ;

e. le Pays C applique soit des règles différentes pour l'affectation des revenus à la succursale, soit des règles spécifiques excluant ou exemptant d'impôt ce type de revenu s'il est payé à un non résident.

Question

3. L'asymétrie identifiée dans le schéma ci-dessus tombe-t-elle sous le coup de l'une quelconque des recommandations figurant dans ce rapport ?

Réponse

4. La redevance pour licence n'est pas imposée dans le Pays C. Par conséquent, en vertu de la Recommandation 1, le Pays B est encouragé (mais n'est pas obligé de) à envisager une limitation du champ de l'exonération qu'il accorde aux succursales pour inclure cette redevance dans la base d'imposition. Obliger B Co à inclure ce paiement dans sa déclaration d'impôts selon les lois du Pays B :

a. ne l'obligera pas forcément à y payer plus d'impôts si la redevance bénéficie par ailleurs d'une exonération en vertu des lois de ce pays ;

b. et peut amener B Co à comptabiliser des charges supplémentaires déductibles selon les lois du Pays B au titre des coûts supportés au titre de la redevance perçue.

5. Si la succursale est considérée comme un établissement stable en vertu de la convention fiscale entre les Pays B et C, cette dernière peut obliger le Pays B à exonérer d'impôt la redevance dans la mesure où cette dernière est réellement imputable à la succursale tout en empêchant le Pays B d'inclure la redevance dans le revenu ordinaire selon les lois du Pays B.

6. Si aucun ajustement n'est pratiqué en vertu des lois du Pays B conformément à la Recommandation 1, la Recommandation 2 doit s'appliquer de manière à refuser la déduction dans le Pays D dans la mesure où le paiement produit un effet de déduction/non inclusion résultant d'une asymétrie impliquant une succursale recevant un paiement.

7. Par conséquent, les recommandations de ce rapport ont pour effet final que :

a. ces types de paiement doivent normalement être imposés au siège social (s'ils ne sont pas inclus dans le revenu de ce dernier par la succursale) ;

b. si ces paiements ne sont pris en compte dans aucune juridiction et si cette asymétrie découle soit :

- d'une mauvaise affectation de ce paiement entre la succursale et le siège,
- du fait que le paiement est effectué au profit d'une succursale non prise en compte,

alors la déduction de ce paiement doit être refusée si ce dernier est effectué au sein du groupe ou dans le cadre d'un dispositif structuré ayant pour but de produire une asymétrie de résultats fiscaux.

Analyse

Le Pays B doit envisager d'ajuster le champ de l'exonération qu'il accorde aux succursales

3. La Recommandation 1 de ce rapport prévoit que les juridictions qui, comme le Pays B, exemptent d'impôt le revenu des succursales étrangères doivent envisager de restreindre la portée de cette exemption de sorte que cette dernière ne s'applique pas aux paiements qui ne sont pas soumis à l'impôt en vertu des lois du pays dans lequel est située la succursale. La Recommandation 1 n'est pas une règle sur les dispositifs asymétriques impliquant une succursale mais plutôt une recommandation spécifique ayant pour but de modifier la portée et le fonctionnement de l'exemption des succursales dans la juridiction de résidence afin de faire en sorte qu'elle n'ait pas pour effet de faire bénéficier de mesures permettant d'éviter la double imposition de paiements qui n'ont supporté aucun impôt.

4. Par conséquent, en vertu de la Recommandation 1, le Pays B est invité (sans y être obligé) à réexaminer la portée et le fonctionnement de l'exemption des succursales de manière à inclure la redevance pour licence dans la base d'imposition selon les lois du Pays B. La Recommandation 1 pourrait s'appliquer non seulement dans les cas où l'asymétrie est due à une affectation incorrecte du paiement au regard des lois du pays dans lequel est située la succursale, mais également dans celui où le paiement remplit les conditions exigées pour être exonéré d'impôt chez la succursale pour quelque autre raison.

5. Les normes internationales convenues offrent à la juridiction de résidence plusieurs moyens de procéder aux ajustements nécessaires pour inclure le paiement dans le revenu selon les lois de la juridiction de résidence de telle sorte que la répartition des revenus et des dépenses entre les juridictions de résidence et de la succursale soit correcte. Par exemple, le Pays B pourrait étendre le champ de son régime d'imposition de manière à incorporer dans la base fiscale du siège les revenus non imposés de la succursale :

a. en exigeant que tout paiement reçu par un contribuable résident et non soumis à l'impôt dans la juridiction de la succursale soit incorporé à la base fiscale du siège social ;

b. en limitant l'exemption de la succursale au montant des revenus nets effectivement inclus dans la base d'imposition de la succursale.

6. Dans tous les cas, les ajustements exigés par le Pays B devraient être conformes à une répartition appropriée des revenus et des charges entre les juridictions de résidence et de la succursale ainsi qu'au champ d'application territorial du régime fiscal du Pays B tel qu'il a été voulu.

7. Exiger du Pays B qu'il prenne en compte la redevance selon l'une de ces méthodes n'entraînera pas automatiquement de charge fiscale supplémentaire pour B Co si cette dernière peut réclamer de son côté le bénéfice d'une exonération spécifique pour ce paiement en vertu des lois de ce pays. Une fois prise en compte selon les lois du Pays B, par exemple, la redevance pour licence pourrait encore bénéficier d'une imposition à taux nul ou réduit dans la mesure où elle concerne l'exploitation de droits de propriété intellectuelle détenus selon un régime fiscal privilégié incorporé dans ses lois par le Pays B afin d'encourager la recherche et le développement (autrement dit un régime de « boîte à brevets »).

8. On notera que, dans les situations où la succursale est considérée comme un ES en vertu de la convention fiscale entre les Pays B et C (et où celle-ci contient une disposition équivalente à l'Article 23A du Modèle de convention fiscale [OCDE, 2015]), cette convention fiscale peut obliger le Pays B à exempter la redevance d'impôt dans la mesure

où elle est réellement imputable à la succursale, ce qui empêchera le Pays B d'inclure la redevance dans le revenu ordinaire selon les lois du Pays B.

La Recommandation 2 ne s'applique que dans la mesure où le paiement génère un effet de déduction/non inclusion

9. Bien que la redevance pour licence puisse ne pas être incluse directement dans ses revenus par A Co, cette dernière peut l'inclure dans ses revenus en vertu d'un régime applicable aux SEC ou d'un régime équivalent. Si le Pays D souhaite éviter d'infliger une double imposition économique résultant d'un refus de la déduction d'une redevance pour licence qui est en fait soumise à l'impôt selon le régime des SEC dans le Pays A, le Pays D doit examiner la portée de l'ajustement requis en vertu de la règle sur les asymétries impliquant une succursale recevant un paiement à la lumière de cette prise en compte selon le régime des SEC. Dans ce cas, D Co devrait prouver à l'administration fiscale du Pays D que les règles de calcul et de calendrier relatives à la prise en compte des revenus des SEC selon les lois du Pays A l'ont réellement obligée à inclure ce paiement dans son revenu ordinaire dans la déclaration d'impôt d'A Co et il pourrait en outre être exigé de D Co qu'elle démontre que le montant qui y est porté n'entraîne aucun droit à crédit d'impôt étranger qui ne concerne pas ce paiement ou à un autre avantage fiscal qui irait à l'encontre des objectifs visés par les règles relatives aux asymétries impliquant une succursale.

La recommandation 2 ne s'applique que dans la mesure où l'effet de déduction/ non inclusion est dû à une asymétrie impliquant une succursale recevant un paiement

10. L'application de la Recommandation 2 aux faits décrits dans cet exemple dépendra également de la raison pour laquelle le paiement n'est pas soumis à l'impôt en vertu des lois du Pays C. La Recommandation 2 est appliquée uniquement pour neutraliser un effet de déduction/non inclusion si l'asymétrie résulte d'un paiement à une succursale non prise en compte ou de différences dans la répartition des paiements entre la juridiction de résidence et celle de la succursale. Si l'asymétrie est due au fait que le Pays C n'impose pas les bénéfices des sociétés ou que la redevance pour licence bénéficie d'un régime préférentiel ouvert à tous les contribuables du Pays C (tel qu'une boîte à brevets), la règle sur les asymétries impliquant une succursale recevant un paiement ne s'appliquera pas dans la mesure où cette asymétrie n'est pas le résultat d'un conflit dans l'affectation des paiements au siège ou à la succursale.

Le fait que le paiement soit un paiement à une succursale qui ne lui est pas attribué ou un paiement à une succursale non prise en compte aboutit un effet de déduction/non inclusion

11. Si la succursale C n'entraîne pas de présence taxable selon les lois nationales du Pays C ou ne répond pas à la définition juridique d'un établissement stable en vertu de la convention fiscale entre les Pays B et C, la succursale dans le Pays C peut être considérée comme une succursale dont il n'est pas tenu compte à des fins fiscales. En outre, si les lois du Pays C considèrent la redevance pour licence comme étant payée au siège (ou si elles exemptent ou excluent ce paiement d'impôt parce qu'il est effectué au profit d'un non résident), alors il existe une divergence entre les Pays B et C pour l'affectation de la redevance et cette dernière doit être traitée comme un paiement à une succursale qui ne lui est pas attribué. Dans les deux cas le paiement fera l'objet d'ajustements en vertu de la Recommandation 2 s'il peut être établi que l'asymétrie résulte du fait que le paiement

était un paiement à une succursale non attribué à cette dernière ou qu'il a été effectué à destination d'une succursale non prise en compte.

12. Comme indiqué dans le Chapitre 2 de ce rapport, il est possible de répondre à cette question en procédant à un test contre-factuel qui consiste à essayer de déterminer le traitement fiscal auquel le paiement aurait été soumis s'il avait été effectué directement au siège. Dans ce cas, les faits indiquent que c'est le fonctionnement de l'exemption de la succursale qui soustrait la redevance à l'impôt en vertu des lois du Pays B, si bien que son paiement aurait été imposable s'il avait été considéré comme étant effectué au profit du siège. En conséquence, la Recommandation 2 fonctionnera de manière à refuser la déduction du paiement dans la juridiction du payeur si ce paiement est effectué à destination d'une succursale non prise en compte ou n'est pas imposé par ailleurs dans la juridiction de la succursale en raison du fait que ce même paiement a été considéré comme devant être affecté au siège et taxé chez celui-ci.

La Recommandation 2 ne s'appliquera pas si la Recommandation 1 s'applique

13. Cependant, les règles relatives aux paiements à une succursale non attribués à cette dernière ou à succursale non prise compte ne s'appliqueront pas si l'asymétrie a été neutralisée par une règle du Pays B qui garantit qu'un paiement qui n'est pas pris en compte chez la succursale doit l'être au siège. Ainsi, si, conformément à la Recommandation 1, le Pays B limite le champ de l'exemption des succursales aux paiements qui ont réellement été inclus dans sa base fiscale par une succursale, l'asymétrie des résultats fiscaux sera neutralisée et il n'y aura généralement pas lieu d'appliquer la règle sur les asymétries impliquant une succursale recevant un paiement.

Exemple 2

Paiement notionnel par une succursale soumise à l'impôt

Faits

1. A Co est une société établie et résidant fiscalement dans le Pays A. A Co fournit des services informatiques à des clients situés dans les Pays A et B. Les prestations sont dispensées aux clients situés dans le Pays B par l'intermédiaire d'une succursale de A Co située dans ce pays (c'est-à-dire la succursale dans le Pays B).

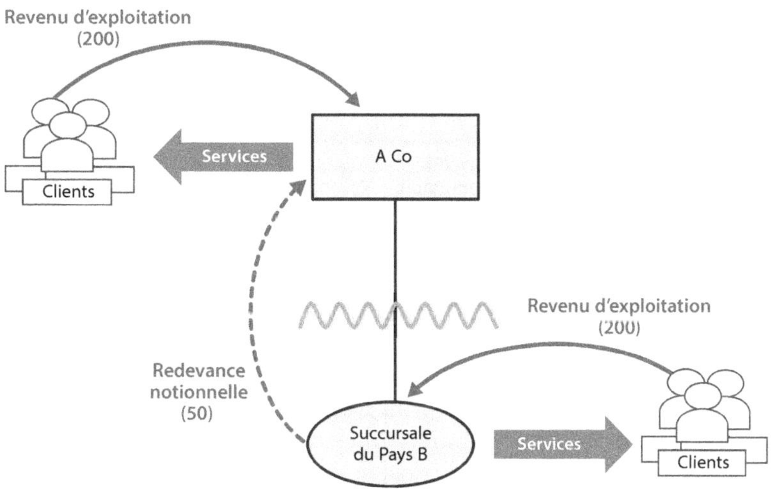

2. En vertu des lois du Pays B, le revenu de la succursale est intégralement soumis à l'impôt et la succursale a droit à une déduction pour tout paiement de redevances effectué au profit du siège. Ce paiement est destiné à servir de rémunération au prix de pleine concurrence pour la propriété intellectuelle appartenant au siège et exploitée par la succursale dans le cadre de la fourniture de services aux clients situés dans le Pays B. Les règles du Pays A considèrent que le revenu de la succursale est entièrement soumis à l'impôt mais ne reconnaissent aucun paiement notionnel entre celle-ci et le siège.

Questions

3. Le paiement notionnel de redevances décrit ci-dessus entre-t-il dans le champ de la Recommandation 3 de ce rapport?

Réponse

4. La Recommandation 3 ne s'appliquera pas de manière à ajuster la déduction au titre du paiement de redevances notionnel si la succursale est considérée comme totalement soumise à l'impôt selon les lois du Pays A et le résultat d'exploitation de la succursale excède le montant du paiement réputé effectué.

Analyse

Pas d'asymétrie impliquant une succursale si le bénéfice de la succursale est totalement imposable en vertu des lois du Pays A

5. La règle relative aux paiements réputés avoir été effectués par une succursale limite la possibilité pour un contribuable d'imputer une déduction résultant d'un paiement réputé avoir été effectué par une succursale sur un revenu non soumis à une double inclusion. Cependant, dans ce cas, si les sommes payées par les clients situés dans le pays B sont considérées comme des revenus taxables dans les deux juridictions, il est probable que les possibilités d'application de la règle sur les paiements réputés avoir été effectués par une succursale soient limitées. Le tableau B.2.1 illustre la situation du siège et de la succursale après que la totalité des revenus de cette dernière a été prise en compte à des fins fiscales en vertu des lois du Pays A.

Tableau B.2.1. **Succursale imposable**

Pays A (Siège)				Pays B (Succursale)			
Revenu		**Impôt**	**Valeur comptable**	**Revenu**		**Impôt**	**Valeur comptable**
Clients A		200	200				
Clients B		200	-	Clients B		200	200
Charges d'exploitation				**Charges d'exploitation**			
Frais de personnel		(40)	(10)	Frais de personnel		(30)	(30)
Frais administratifs		(40)	(20)	Frais administratifs		(20)	(20)
Recherche etdéveloppement		(10)	(10)				
				Paiement de redevances notionnel		(50)	-
Gain net avant impôt			160	Gain net avant impôt			150
Revenu imposable		310		Revenu imposable		100	
Impôt au taux de 30 %	(93)			Impôt au taux de 30 %	(30)		
Crédit	30						
Impôt net à payer			(63)	Impôt net à payer			(30)

6. Comme le montre le tableau B.2.1, A Co réalise un bénéfice d'exploitation de 200 au titre des ventes de services informatiques réalisées dans le Pays A et le Pays B et encourt des frais administratifs de 40 (répartis à parts égales entre le siège et la succursale) ainsi que des frais de personnel de 30 dans la succursale et de 10 au siège. Le siège comptabilise en outre des frais de recherche-développement de 10 au titre de la propriété intellectuelle qui est utilisée par la succursale pour fournir des services aux clients. Au total, A Co a un revenu de 400 et des dépenses de 90, ce qui lui laisse un bénéfice net de 310 du fait de ses activités mondiales.

7. A Co dispose également d'un bénéfice imposable de 310 (étant donné que la totalité des bénéfices de la succursale est prise en compte en vertu des lois du Pays A). Le Pays A accorde un crédit d'impôt pour la totalité des impôts payés dans le Pays B sur les revenus gagnés par l'intermédiaire de la succursale, si bien que le montant final de l'impôt à payer en vertu des lois des deux juridictions est égal à 30 % du revenu net.

8. Comme la totalité du bénéfice d'exploitation de la succursale B est prise en compte sous forme de revenu ordinaire en vertu des lois du Pays A, le paiement de redevances réputé effectué qui est comptabilisé par la succursale B est imputé sur les revenus soumis à double inclusion et aucune asymétrie impliquant une succursale n'existe au regard de la Recommandation 3.

Exemple 3

Succursale imposable avec revenu non soumis à double inclusion

Faits

1. Les faits sont identiques à ceux de l'Exemple 2, si ce n'est que dans ce cas-ci, A Co restructure ses activités dans le Pays B en créant une entité distincte (B Co) pour fournir aux clients situés dans le Pays B certains services qui auparavant étaient fournis directement par l'intermédiaire de la succursale dans le Pays B. B Co est une entité hybride inversée (c.-à-d. une entité considérée comme distincte dans le Pays A, mais comme transparente sous le régime des lois du Pays B). La succursale dans le Pays B continue à fournir certains services aux clients situés dans le Pays B après la restructuration. Les activités de A Co et de B Co dans le Pays B sont illustrées dans le schéma ci-dessous.

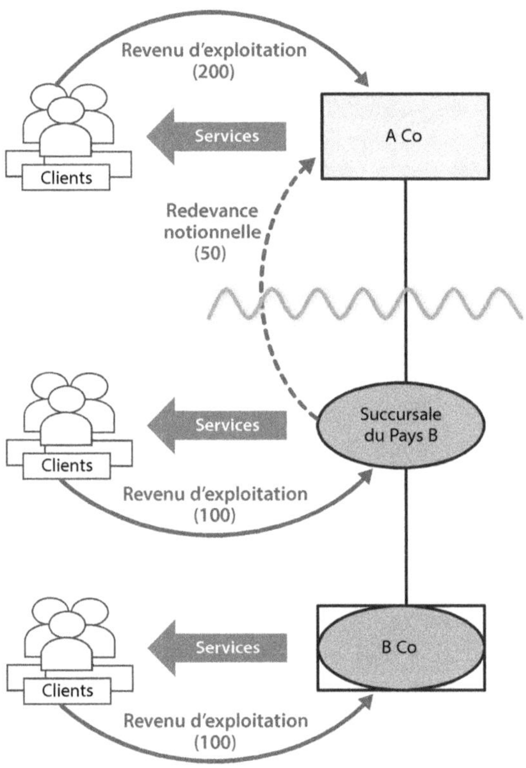

2. Après restructuration, la moitié du bénéfice d'exploitation provenant des clients situés dans le Pays B est réalisée par l'intermédiaire de B Co, qui est une entité distincte non imposable en vertu des lois du Pays A. Le montant total des frais administratifs et de personnel encourus dans le Pays B est identique à celui de l'Exemple 2 mais la moitié de ces dépenses est dorénavant encourue par B Co. La succursale B continue à se prévaloir d'une déduction pour un paiement de redevances réputé être payé au siège et le montant de ce paiement réputé effectué est le même que dans l'Exemple 2.

3. Comme il n'est pas tenu compte de B Co en vertu des lois du Pays B, le bénéfice de B Co et de la succursale dans le Pays B est considéré comme appartenant à une seule entité de telle sorte que les revenus et les dépenses de la société et de la succursale sont enregistrés dans une seule déclaration d'impôt et qu'il n'est pas tenu compte des paiements effectués entre elles à des fins fiscales. Le tableau B.3.1 illustre la situation du siège et de la succursale dans le Pays B à l'issue de la restructuration.

Tableau B.3.1. **Succursale imposable avec revenu non soumis à double inclusion**

Pays A (A Co)			**Pays B (Succursale B et B Co)**		
Revenu	**Impôt**	**Valeur comptable**	**Revenu**	**Impôt**	**Valeur comptable**
Clients A	200	200	Clients B	200	200
Clients B	100	-			
Charges d'exploitation			**Charges d'exploitation**		
Frais de personnel	(25)	(10)	Frais de personnel	(30)	(30)
Frais administratifs	(30)	(20)	Frais administratifs	(20)	(20)
Recherche et développement)	(10)	(10)	Paiement de redevances notionnel	(50)	-
Gain net avant impôt		160	Gain net avant impôt		150
Revenu imposable	235		Revenu imposable	100	
Impôt au taux de 30 % (70.5)			Impôt au taux de 30 % (30)		
Crédit 22.5*					
Impôt net à payer		(48)	Impôt net à payer		(30)

* Le montant du crédit peut être soumis à des limitations supplémentaires en vertu des lois du pays A.

4. La restructuration n'entraîne aucun changement de la situation fiscale globale dans le Pays B. La totalité des impôts dus en vertu des lois du Pays B est taxable au niveau de la succursale dans la mesure où B Co n'est pas considérée comme un contribuable distinct aux fins de la législation fiscale du Pays B.

5. En vertu des lois du Pays A, le montant des revenus et des dépenses inclus dans la déclaration d'impôt de A Co diminue dans le Pays B. Normalement, A Co devrait ajuster en conséquence le montant des crédits d'impôt étrangers revendiqués au titre de sa succursale dans la mesure où, suite à la restructuration, le montant des revenus et des impôts payés au niveau de la succursale est plus faible.

Questions

6. Le paiement notionnel de redevances ou une quelconque partie des frais administratifs ou de personnel décrits plus haut seront-ils soumis à un ajustement en vertu des lois de la juridiction de la succursale?

Réponse

7. Suite à la restructuration, le revenu soumis à double inclusion de la succursale demeure supérieur au montant total de ses paiements (y compris le paiement réputé avoir été effectué au titre de la redevance et les frais administratifs et de personnel imputés au titre de l'activité de la succursale en vertu des lois des Pays A et B). Par conséquent, la succursale B n'aura à procéder à aucun ajustement en vertu des règles sur les asymétries impliquant une succursale.

8. Cependant, le Pays A pourrait envisager d'appliquer des règles limitant le montant du crédit d'impôt étranger direct de A Co à celui du bénéfice net (ajusté) de la succursale après prise en compte de l'incidence du paiement de redevance notionnel.

Analyse

Aucun ajustement requis aux termes des lois du pays B

9. La restructuration réduit le montant des bénéfices pris en compte en vertu des lois des Pays A et B, mais le montant total des revenus soumis à double inclusion demeure supérieur à celui du paiement de la redevance réputée avoir été payée ; il n'est donc pas nécessaire que A Co procède à un ajustement en vertu de la Recommandation 3.

10. A Co pourrait en outre se demander si un quelconque ajustement était nécessaire en vertu des lois du Pays B pour les frais administratifs et de personnel dont la déduction est demandée à la fois dans les Pays A et B (c'est-à-dire si un ajustement est requis dans le Pays B en vertu de la règle sur les doubles déductions qui figure dans la Recommandation 4.1(b). Dans cette situation, encore une fois, aucun ajustement ne devrait être exigé en vertu de la règle relative aux asymétries impliquant une succursale étant donné que cette dernière est intrinsèquement bénéficiaire. Le revenu soumis à double inclusion de la succursale est supérieur au montant total de ses paiements (y compris le paiement de 50 réputé avoir été effectué au titre de la redevance et les frais administratifs et de personnel de 25 imputés au titre de l'activité de la succursale en vertu des lois des Pays A et B). Par conséquent, du point de vue du Pays B, les paiements effectués par la succursale ne sont pas supérieurs aux revenus soumis à double inclusion et il ne doit exister aucune obligation de réaliser un ajustement en vertu des règles sur les asymétries impliquant une succursale.

Calcul des crédits d'impôt étrangers directs selon les lois du pays A

11. Dans ce cas, le Pays A limite le montant du crédit d'impôt étranger au montant de l'impôt le plus faible que la succursale doit payer en vertu des lois du Pays B et du taux d'imposition marginal applicable en vertu des lois du Pays A aux revenus des succursales calculés selon ces mêmes lois. Dans ce cas, le bénéfice net de la succursale (calculé selon les lois du pays A) est le suivant :

Résultat d'exploitation	100
Frais de personnel	(15)
Frais administratifs	(10)
Résultat net (selon les lois du Pays A)	75

Par conséquent, le montant des crédits d'impôt étranger directs est limité à (75 ×.30) = 22.5.

12. On notera que, dans ce cas, le calcul du crédit d'impôt étranger calculé en appliquant les principes de comptabilisation des revenus et dépenses selon les lois du Pays A aboutit à ce que le Pays A ne tienne pas compte de l'incidence de l'effet de déduction/non inclusion résultant du paiement réputé avoir été effectué par la succursale. Ce paiement donnant lieu à un effet de déduction/non inclusion a pour effet de réduire le montant du bénéfice soumis à l'impôt en vertu des lois du Pays B sans que cela affecte le calcul du bénéfice net de la succursale selon les lois du Pays A.

13. Bien que les règles relatives aux asymétries impliquant une succursale n'aient pas d'impact direct sur le montant des crédits d'impôt étranger qu'un contribuable peut réclamer au titre des activités de ses succursales, le calcul de ces crédits peut nourrir des craintes quant à la politique fiscale de la juridiction de résidence si elles permettent d'imputer le crédit d'impôt non utilisé de manière à réduire ou compenser l'impôt sur les revenus non soumis à double inclusion. Pour y remédier, le Pays A pourrait limiter le montant du crédit d'impôt étranger direct en se référant au bénéfice net (ajusté) de la succursale après prise en compte de l'incidence des paiements notionnels qui n'ont pas été pris en compte par le siège. En l'absence d'une telle limitation dans le Pays A, le Pays B pourrait envisager de limiter la portée de la définition des revenus soumis à double inclusion de manière à ne pas prendre en compte les revenus qui ont été soustraits à l'impôt par des crédits d'impôt étrangers qui ont été pris en compte en vertu des lois du Pays A.

Exemple 4

Paiement par une succursale exemptée d'impôt

Faits

1. Les faits sont identiques à ceux de l'Exemple 2. A Co fournit des services informatiques aux clients situés dans le Pays B par l'intermédiaire d'une succursale établie dans ce pays (c'est-à-dire la succursale dans le Pays B). Cependant, dans ce cas, le Pays A exempte d'impôt les revenus de la succursale. Les activités de A Co dans le Pays B sont illustrées dans le graphique ci-dessous.

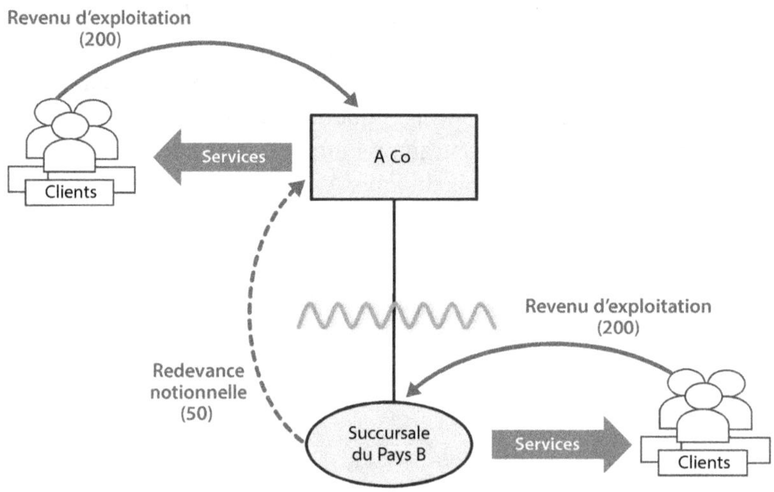

2. En vertu des lois du Pays B, les revenus de la succursale sont intégralement imposables et la succursale a droit à une déduction pour tout paiement de redevances notionnel effectué au profit du siège. Ce paiement est destiné à servir de rémunération au prix de pleine concurrence pour la propriété intellectuelle appartenant au siège et exploitée par la succursale dans le cadre de la fourniture de services aux clients situés dans le Pays B. Les règles du Pays A ne reconnaissent aucun paiement notionnel entre la succursale et le siège. Le tableau B.4.1 illustre la situation du siège et de la succursale relativement au paiement de redevances réputé effectué.

3. Les chiffres sont identiques à ceux du tableau B.2.1, si ce n'est que le siège n'est obligé d'inclure dans la base d'imposition que les revenus de ses activités locales dans le Pays A. Les revenus réalisés par la succursale dans le Pays B sont exemptés d'impôt en vertu des lois du Pays A. Dans ce cas, le Pays A refuse une déduction pour les frais de recherche-développement (R&D) qui auraient par ailleurs été déductibles en vertu des lois du Pays A. Cette déduction est refusée étant donné que la Propriété Intellectuelle (PI) créée par cette R&D sert uniquement à la succursale dans le Pays B pour obtenir un revenu exempté d'impôt en vertu des lois du Pays A. Comme le montre le tableau B.4.1 ci-dessus, le bénéfice net (avant impôt) de A Co est de 310 alors que le bénéfice total imposable en vertu des lois des deux juridictions est de 270. Le montant de 40 résultant de l'asymétrie est dû à l'effet de déduction/non inclusion relatif au paiement notionnel de redevances (50) corrigé de la déduction pour frais de R&D refusée en vertu des lois du Pays A (10).

Tableau B.4.1. **Succursale exemptée d'impôt**

Pays A			Pays B		
Revenu	**Impôt**	**Valeur comptable**	**Revenu**	**Impôt**	**Valeur comptable**
Clients A	200	200	Clients B	200	200
Charges d'exploitation			**Charges d'exploitation**		
Frais de personnel	(10)	(10)	Frais de personnel	(30)	(30)
Frais administratifs	(20)	(20)	Frais administratifs	(20)	(20)
Recherche et développement	-	(10)			
			Paiement de redevances notionnel	(50)	-
Gain net avant impôt		160	Gain net avant impôt		150
Revenu imposable	170		Revenu imposable	100	
Impôt au taux de 30 % (51)			Impôt au taux de 30 % (30)		
Impôt net à payer		(51)	Impôt net à payer		(30)

Questions

4. Le paiement notionnel de redevances entre-t-il dans le champ de la Recommandation 1 de ce rapport ?

5. Si aucun ajustement n'est pratiqué dans le pays A pour prendre en compte le paiement notionnel de redevances, A Co est-elle obligée d'ajuster le bénéfice net de la succursale B en vertu de la Recommandation 3 ?

Réponse

6. Des ajustements appropriés doivent être apportés au montant du revenu comptabilisé par le siège de telle sorte que tout paiement réputé avoir été effectué au profit du siège soit dûment pris en compte selon les lois de la juridiction de résidence. Plusieurs méthodes s'offrent au pays A pour éliminer le risque d'asymétries résultant de paiements notionnels. Ces méthodes peuvent se révéler moins compliquées que l'application de la règle sur les paiements réputés avoir été effectués par une succursale et peuvent aboutir à des ajustements portant sur des éléments autres que le paiement réputé afin de rendre compte correctement de la répartition de revenus entre le siège et la succursale.

7. Si le pays A ne procède à aucun ajustement pour prendre en compte comme il convient le paiement notionnel de redevances, A Co est-elle obligée d'en réaliser un au niveau de la succursale dans le Pays B en vertu de la Recommandation 3. Cet ajustement tiendrait compte du fait qu'une partie du paiement de redevances réputé effectué avait été comptabilisée dans le Pays A sous la forme de l'affectation d'une dotation aux amortissements sur la propriété intellectuelle.

Analyse

Application de la Recommandation 1

8. La Recommandation 1 prévoit que le Pays A devrait envisager une modification de la portée et du focntionnement de l'exemption des succursales de telle sorte que l'effet de tout paiement réputé avoir été effectué au profit du siège soit dûment pris en compte selon les lois de la juridiction de résidence. Ce rapport n'impose aucune restriction quant au montant de l'ajustement et ne décrit pas dans le détail le mécanisme le plus approprié pour cet ajustement à condition qu'il demeure cohérent avec les obligations imposées par la convention fiscale et les paramètres de la fiscalité en vigueur dans cette juridiction. Un exemple du type d'ajustement qui pourrait être opéré dans la juridiction de résidence est présenté dans le tableau B.4.1 ci-dessus, dans lequel le Pays A a refusé une déduction pour certains frais de recherche et développement associés à un actif de PI qui a été utilisé dans la succursale pour produire un revenu exempté d'impôt. Ce refus d'une « catégorie de dépenses équivalente » tel qu'il est décrit ci-dessous pourrait être considéré comme un moyen pour la juridiction de résidence de prendre en compte l'effet du paiement réputé avoir été effectué par la succursale. La juridiction de résidence pourrait adopter d'autres méthodes pour comptabiliser le revenu supplémentaire dans la juridiction du siège pour un montant égal au paiement réputé effectué.

Comptabilisation du paiement réputé effectué comme un élément du revenu supplémentaire

9. Le Pays A pourrait, par exemple, introduire une règle obligeant les contribuables se trouvant dans la même situation que A Co à inclure un paiement réputé avoir été effectué par une filiale exemptée d'impôt comme revnu ordinaire. Ce type d'ajustement est illustré dans le tableau B.4.2.

10. Le Pays A a également permis au siège d'ajuster en conséquence la déduction des frais de recherche-développement afin de refléter comme il se doit le fait que l'actif de PI sous-jacent est dorénavant considéré comme une source de revenu imposable dans la juridiction de résidence (sous la forme de l'ajustement du paiement réputé).

Accorder au siège social la déduction du revenu net de la succursale

11. Un paiement réputé avoir été effectué par une succursale n'entraînera pas d'asymétrie si les règles de calcul des revenus de la succursale dans la juridiction de résidence fonctionnent de telle manière que le champ de l'exemption dont jouit la succursale ne couvre que les revenus soumis à l'impôt dans la juridiction de la succursale. Le tableau B.4.3 illustre un mécanisme alternatif pour calculer les revenus de la succursale qui limite le champ de l'exemption au montant des revenus effectivement soumis à l'impôt dans la juridiction de la succursale. Cette méthode garantit que tout revenu bénéficiant du traitement du paiement de redevances réputé effectué sera imposé au siège social.

Application de la Recommandation 3

12. Si A Co n'effectue pas d'ajustement pour prendre en compte le paiement de la redevance réputé effectué selon des règles cohérentes avec la Recommandation 1, A Co doit se demander dans quelle mesure la Recommandation 3 s'applique de manière à neutraliser l'asymétrie des résultats fiscaux conformément aux lois du Pays B.

Tableau B.4.2. **Comptabilisation par la succursale exemptée d'impôt du paiement réputé effectué dans la juridiction du bénéficiaire**

Pays A			Pays B		
Revenu	**Impôt**	**Valeur comptable**	**Revenu**	**Impôt**	**Valeur comptable**
Clients A	200	200			
			Clients B	200	200
Charges d'exploitation			**Charges d'exploitation**		
Frais de personnel	(10)	(10)	Frais de personnel	(30)	(30)
Frais administratifs	(20)	(20)	Frais administratifs	(20)	(20)
Recherche et développement	(10)	(10)			
			Paiement notionnel de redevances	(50)	-
Ajustement	50				
Gain net avant impôt		160	Gain net avant impôt		150
Revenu imposable	210		Revenu imposable	100	
Impôt au taux de 30 %	(63)		Impôt au taux de 30 %	(30)	
Impôt net à payer		(63)	Impôt net à payer		(30)

Tableau B.4.3. **Succursale exemptée et déduction pour les revenus de la succursale**

Pays A			Pays B		
Revenu	**Impôt**	**Valeur comptable**	**Revenu**	**Impôt**	**Valeur comptable**
Clients A	200	200			
Clients B	200	200	Clients B	200	200
Charges d'exploitation			**Charges d'exploitation**		
Frais de personnel	(40)	(10)	Frais de personnel	(30)	(30)
Frais administratifs	(40)	(20)	Frais administratifs	(20)	(20)
Reecherche et développement	(10)	(10)			
Déduction pour le revenu de la succursale	(100)		Paiement notionnel de redevances	(50)	-
Gain net avant impôt		160	Gain net avant impôt		150
Revenu imposable	210		Revenu imposable	100	
Impôt au taux de 30 %	(63)		Impôt au taux de 30 %	(30)	
Impôt net à payer		(63)	Impôt net à payer		(30)

13. La règle relative aux paiements réputés avoir été effectués par une succursale limite la possibilité pour un contribuable d'imputer la déduction résultant d'un paiement réputé avoir été effectué par une succursale sur un revenu non soumis à une double inclusion si ce paiement n'a pas été inclus dans ses revenus par le bénéficiaire.

Le paiement notionnel de redevances est un paiement réputé avoir été effectué

14. Dans cet exemple, le paiement notionnel de redevances correspond à la définition d'un paiement réputé effectué selon la Recommandation 3 dans la mesure où il constitue un paiement notionnel entre la branche et le siège qui ne représente pas (et n'est pas calculé par référence à) une dépense réelle du contribuable. Si, dans ce cas, les comptes de A Co enregistrent les frais de recherche-développement, les faits n'indiquent pas que le paiement notionnel de redevances (ou une quelconque partie du paiement) a été calculé par référence à ces frais de recherche-développement. Les frais de recherche-développement ne sont pas une dépense du même type qu'un paiement de notionnel redevances (les premiers concernent le développement d'un actif de propriété intellectuelle tandis quele second est un paiement pour l'utilisation de cet actif de propriété intellectuelle). Par conséquent, il n'est pas possible de soutenir que les frais de recherche-développement enregistrés dans les comptes de A Co sont une charge détaillée qui peut être attribuée directement au paiement notionnel de redevances.

Le paiement réputé effectué n'est pas pris en compte (sauf dans la mesure où il est appréhendé par l'affectation d'une dépense ou d'une perte d'une catégorie équivalente)

15. Un paiement réputé effectué ne crée pas d'asymétrie, à moins qu'il n'aitpas tenu compte de cette dernière en vertu des lois de la juridiction du bénéficiaire. Le siège peut comptabiliser un paiement réputé effectué en l'incluant directement dans ses revenus ou en affectant une dépense ou une perte d'une catégorie équivalente à la juridiction du payeur.

16. Dans ce cas (et comme illustré dans le tableau B.4.1), le Pays A limite la déductibilité des frais de recherche-développement en raison du fait que l'actif de propriété intellectuelle qui en résulte sert à exempter d'impôt un revenu d'une succursale. Si la législation nationale de la juridiction du bénéficiaire contient des règles limitant la déductibilité des dépenses au motif que ces dernières sont imputables à la succursale, alors il faut prendre l'effet de cette limitation en compte pour déterminer la mesure dans laquelle un paiement réputé n'a pas été pris en compte en vertu de la règle relative aux paiements réputés avoir été effectués par une succursale.

17. Dans ce cas, le paiement réputé effectué et la dépense affectée concernent la même grande catégorie d'actifs (à savoir la propriété intellectuelle utilisée pour dispenser des services aux clients) et la raison pour laquelle les frais de recherche-développement ont été refusés dans la juridiction de résidence indique qu'il existe un lien simple entre le paiement réputé et la charge ou perte affectée. Par conséquent, ces deux éléments doivent être considérés comme appartenant à une catégorie équivalente dans le cadre de la règle relative aux paiements réputés avoir été effectués par une succursale. On notera que le paiement réputé effectué (de redevances pour l'utilisation d'un actif de PI) n'a pas besoin d'être exactement du même type que la dépense ou la perte imputée par le bénéficiaire (frais de recherche-développement), ni d'être calculé sur la même base. Cependant, un paiement réputé effectué ne doit être considéré comme ayant été comptabilisé par l'affectation d'une catégorie équivalente de dépenses ou de pertes que dans la limite du montant réellement affecté à la juridiction du payeur et de la dépense ou perte refusée dans la juridiction de résidence du fait de cette affectation.

L'asymétrie est due au fait que le paiement n'a pas été pris en compte

18. Une asymétrie impliquant une succursale ne survient que si l'effet de déduction/non inclusion est dû au fait que le paiement réputé effectué n'est pas pris en compte en vertu des lois de la juridiction du bénéficiaire. Il s'agit là d'un test contre-factuel qui consiste à essayer de déterminer le traitement fiscal qui aurait été appliqué au paiement sice dernier avait été comptabilisé par A Co. En l'espèce, les faits indiquent que A Co est une entité taxable, de sorte que l'asymétrie est le résultat du paiement réputé effectué. Le tableau B.4.4 illustre la situation du siège et de la succursale après l'ajustement pratiqué en vertu de la Recommandation 3.

Tableau B.4.4. **Ajustement au titre de la Recommandation 3 pour une succursale exemptée d'impôt**

Pays A			Pays B		
Revenu	**Impôt**	**Valeur comptable**	**Revenu**	**Impôt**	**Valeur comptable**
Clients A	200	200	Clients B	200	200
Charges d'exploitation			**Charges d'exploitation**		
Frais de personnel	(10)	(10)	Frais de personnel	(30)	(30)
Frais administratifs	(20)	(20)	Frais administratifs	(20)	(20)
Recherche-développement)	-	(10)			
			Paiement notionnel de redevances	(50)	-
			Ajustement au titre de la Recommandation 3	50	
			Frais de recherche-développement affectés par le siège)	(10)	
Gain net avant impôt		160	Gain net avant impôt		150
Revenu imposable	170		Revenu imposable	140	
Impôt au taux de 30 % (51)			Impôt au taux de 30 % (42)		
Impôt net à payer		(51)	Impôt net à payer		(42)

19. Au total, A Co a un revenu de 400 et des dépenses de 90, ce qui lui laisse un bénéfice net de 310 du fait de ses activités mondiales. La totalité du bénéfice d'exploitation de la succursale B est exemptée d'impôt en vertu des lois du Pays A, de sorte que le paiement de redevances réputé effectué qui est comptabilisé par la succursale B est imputé sur les revenus non soumis à double inclusion. Le paiement de redevance réputé effectué n'est pas correctement pris en compte selon les lois du Pays A, si bien que le Pays B refuse la déduction du montant de la redevance réputée, sauf dans la mesure où le Pays A a affecté une catégorie de dépenses équivalente à la succursale sous la forme d'un refus de déduction pour les frais de recherche-développement.

20. Les recommandations de ce rapport ont pour effet final que, si le siège ne prend pas dûment en compte le paiement réputé effectué, la juridiction qui autorise le paiement notionnel ne devrait pas accorder de déduction à ce paiement dans la mesure où les produits

ou les charges associés à ce paiement ne sont pas pris en compte selon les lois de la juridiction du bénéficiaire.

21. L'ensemble de ces règles a pour effet de garantir que la déduction pour le paiement réputé effectué ne puisse être invoquée que si (et dans la mesure où) le contribuable a dûment pris en compte son effet dans la juridiction de la contrepartie. Un ajustement en vertu de la règle sur les asymétries impliquant une succursale fait que la totalité du bénéfice net du contribuable est soumise à l'impôt en vertu des lois de la juridiction de la succursale ou de celle de résidence tout en faisant en sorte que cet ajustement n'aboutit pas à une double imposition.

Exemple 5

Application des Recommandations 3 et 4 au paiment notionnel

Faits

1. Les faits illustrés dans cet exemple sont identiques à ceux de l'Exemple 4, si ce n'est que, en outre, A Co achète divers services à des prestataires externes. Les activités de A Co (y compris les montants payés aux prestataires de services externes) sont illustrées dans le graphique ci-dessous.

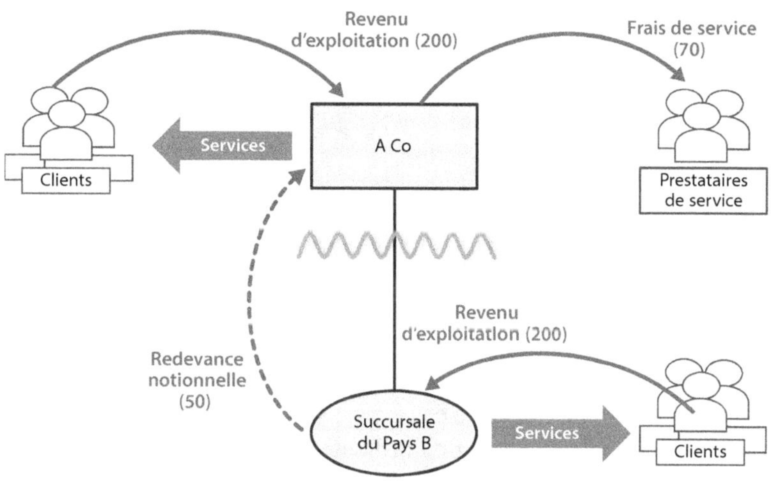

2. Le tableau B.5.1 illustre la situation du siège et de la succursale. Les chiffres du tableau ci-dessous sont identiques à ceux du tableau B.4.1, si ce n'est que :

a. le siège enregistre un montant supplémentaire de 70 en charges externes à des fins comptables (dont 50 seulement sont déductibles en vertu des lois du Pays A) ;

b. sur ces charges externes, la succursale B comptabilise 30 comme dépenses encourues directement par elle-même.

3. De même que dans le tableau B.4.1, A Co réalise un bénéfice d'exploitation de 200 au titre des ventes de services informatiques réalisées dans le Pays A et le Pays B et encourt des frais administratifs de 40 (répartis à parts égales entre le siège et la succursale) ainsi que des frais de personnel de 30 dans la succursale et de 10 au siège. En outre, le Pays A refuse la déduction des frais de recherche-développement (R&D) en raison du fait que la propriété intellectuelle issue de ces frais de R&D sert uniquement à exempter un revenu d'impôt chez la succursale dans le Pays B.

4. Au total, A Co a un revenu de 400 et des dépenses de 160, ce qui lui laisse un bénéfice net de 240 pour ses activités mondiales ; pour autant, au total, la répartition des frais de R&D, des redevances réputées effectuées et des charges externes supplémentaires entre le siège et la succursale fait que A Co ne comptabilise que 190 de bénéfice imposable entre les deux juridictions (soit un écart de 50).

Tableau B.5.1. **Asymétrie résultant de paiements réputés effectués et réels**

Pays A			Pays B		
Revenu	**Impôt**	**Valeur comptable**	**Revenu**	**Impôt**	**Valeur comptable**
Clients A	200	200	Clients B	200	200
Charges d'exploitation			**Charges d'exploitation**		
Frais de personnel	(10)	(10)	Frais de personnel	(30)	(30)
Frais administratifs	(20)	(20)	Frais administratifs	(20)	(20)
Recherche et développement	-	(10)			
Prestations de services externes	(50)	(70)			
			Paiement notionnel de redevances	(50)	-
			Prestations de services externes	(30)	-
Gain net avant impôt		90	Gain net avant impôt		150
Revenu imposable	120		Revenu imposable	70	

Question

5. Comment les recommandations de ce rapport s'appliquent-elles de manière à neutraliser l'asymétrie des résultats fiscaux issue de l'utilisation de ce dispositif?

Réponse

6. A Co devrait appliquer la Recommandation 3 avant de déterminer le montant de toute double déduction soumis à un ajustement en vertu de la Recommandation 4.

7. S'il est possible de rattacher le paiement notionnel avec précision et de manière fiable à un élément de dépense du même type enregistré dans les comptes du contribuable, la succursale dans le Pays B devra traiter le paiement notionnel (dans cette mesure) comme un paiement réel de la dépense sous-jacente encourue par A Co. Le solde du paiement notionnel de redevances qui ne concerne pas directement des dépenses réelles du contribuable devra faire l'objet d'un ajustement en vertu de la Recommandation 3.

8. Conformément à l'analyse présentée dans l'Exemple 4, le Pays B devrait refuser une déduction du montant de la redevance réputée effectuée, à moins que le pays A a affecté une catégorie de dépenses équivalente à la succursale sous la forme du rejet d'une déduction pour les frais de R&D.

9. Une asymétrie de résultats fiscaux demeure dans le schéma impliquant une succursale une fois que la règle sur les paiements réputés avoir été effectués par une succursale a été appliquée dans le Pays B. Cette asymétrie est due au fait que le siège et la succursale réclament des déductions pour prestations de services externes qui, au total, sont supérieures au montant total des dépenses réelles relatives à ces services (c'est-à-dire qu'il existe une double déduction). Cette asymétrie fera l'objet d'un ajustement dans le Pays A en vertu de la règle principale de la Recommandation 4.

Analyse

Appliquer la Recommandation 3 (règle sur les paiements réputés avoir été effectués par une succursale) avant la Recommandation 4 (règle sur les paiements donnant lieu à une double déduction)

10. L'asymétrie qui survient dans cet exemple est due aux différences d'attribution des dépenses réelles et réputées effectuées entre différentes parties de la même entreprise. Il existe deux recommandations portant sur les asymétries qui surviennent dans ces circonstances :

a. la Recommandation 3 requiert de la juridiction de la succursale 'qu'elle refuse la déduction d'un paiement réputé effectué dans la mesure où il n'a pas été pris en compte par le siège ;

b. la Recommandation 4 requiert de la juridiction de résidence qu'elle refuse la déduction dans la mesure où la même dépense est déductible en vertu des lois de la juridiction de la succursale.

11. Conformément au Rapport sur l'Action 2 (OCDE, 2017), le contribuable devrait appliquer la Recommandation 3 avant de déterminer le montant de toute double déduction soumis à un ajustement en vertu de la Recommandation 4. Il en découle que A Co doit déterminer la mesure dans laquelle toute déduction revendiquée par la succursale B représente l'affectation d'une dépense réelle du contribuable.

Appliquer la Recommandation 3 aux paiements notionnels de redevances dans la mesure où ces paiements ne correspondent pas à l'imputation de charges externes.

12. Dans l'exemple précédent, le paiement notionnel de redevances a été traité comme un paiement réputé en vertu de la Recommandation 3 en raison du fait qu'il ne représentait pas (et n'était pas calculé par référence à) une dépense réelle du contribuable. Cependant, dans cet exemple, les faits indiquent que A Co a encouru des dépenses supplémentaires au titre de prestations de services externes et il est possible qu'une partie de ces dépenses puisse être directement attribuée au paiement notionnel de redevances comptabilisé par la succursale B.

13. Un paiement notionnel doit être traité comme un paiement réel si il concerne des fonctions spécifiques exercées, des actifs détenus ou des risques supportés par une autre entité du même contribuable et si figurent dans la déclaration d'impôt du bénéficiaire du même type des dépenses détaillées qui peuvent être directement attribuées au paiement notionnel. Supposons par exemple qu'une partie des prestations de services externes fournies à A Co inclue des licences sur la propriété intellectuelle et des services de soutien informatique qui concernent des logiciels appartenant à A Co (et qui à leur tour font partie de la base de calcul de la redevance notionnelle payée par la succursale B). Supposons en outre que ces prestations de services externes soient facturées en fonction du nombre d'utilisateurs de telle sorte que A Co puisse déterminer (sans qu'il soit nécessaire de collecter des informations supplémentaires ou effectuer des calculs complexes) la partie des dépenses qui est imputable à la succursale B.

14. Dans ce cas, bien que le paiement notionnel de redevances ne soit pas expressément calculé par référence à ces prestations de services externes, le paiement notionnel peut être défini avec une précision suffisante pour qu'on puisse le rattacher à un poste de dépense du même type enregistré dans les comptes du bénéficiaire et la nature de cette dépense est telle qu'on peut l'attribuer directement et sans risque d'erreur au paiement réputé effectué.

Si tel est le cas, la succursale dans le Pays B doit traiter le paiement notionnel (dans cette mesure) comme un paiement réel de la dépense sous-jacente encourue par A Co.

15. Le tableau B.5.2 indique la situation de A Co selon les lois des Pays A et B après l'ajustement pratiqué en vertu de la Recommandation 3.

Tableau B.5.2. **Ajustement au titre de la Recommandation 3**

Pays A			Pays B		
Revenu	**Impôt**	**Valeur comptable**	**Revenu**	**Impôt**	**Valeur comptable**
Clients A	200	200	Clients B	200	200
Charges d'exploitation			**Charges d'exploitation**		
Frais de personnel	(10)	(10)	Frais de personnel	(30)	(30)
Frais administratifs	(20)	(20)	Frais administratifs	(20)	(20)
Recherche et développement	-	(10)	Redevance réputée effectuée	(40)	-
Prestations de services externes	(50)	(70)	Licence de logiciel et support informatique	(10)	-
			Autres prestations de services externes	(30)	-
			Ajustement au titre de la Recommandation 3	(40)	
			Frais de recherche-développement affectés par le siège	(10)	-
Gain net avant impôt		90	Gain net avant impôt		150
Revenu imposable	120		Revenu imposable	100	

16. Dans ce cas, A Co peut déterminer que le paiement notionnel de redevances tel qu'il a été effectué par la succursale B est imputable (en partie) à des logiciels appartenant à A Co et qu'une partie des prestations de services externes est directement imputable aux coûts d'utilisation (et de soutien pour l'utilisation) de ce logiciel. De plus, la comptabilité de gestion de A Co contient des éléments détaillés permettant d'attribuer en partie le coût de ces prestations de services externes (10) aux activités de la succursale B. En conséquence, A Co traite une partie du paiement notionnel de redevances comme une charge externe correspondant à une dépense réelle au titre des logiciels et services de soutien.

17. Le solde du paiement notionnel de redevances ne concerne pas directement des dépenses réelles du contribuable et doit fait l'objet d'un ajustement en vertu de la Recommandation 3. Conformément à l'analyse présentée dans l'Exemple 4, le pays B devrait refuser la déduction du montant de la redevance réputée effectuée, excepté dans la mesure où le Pays A a affecté une catégorie de dépenses équivalente à la succursale sous la forme du rejet d'une déduction pour les frais de R&D. L'affectation d'une dépense déductible doit être considérée comme équivalente à un ajustement au titre de la Recommandation 3 uniquement si la déduction d'une telle dépense a été refusée au siège en raison du fait qu'en réalité ce montant a été affecté à la juridiction du payeur. Dans une telle situation, les faits montrent que les frais de R&D sont entièrement imputables à la propriété intellectuelle utilisée par la succursale dans le Pays B lors de la détermination du montant de l'ajustement au titre de la Recommandation 3.

L'asymétrie résiduelle est dûe à un effet de double déduction et doit faire l'objet d'un ajustement en vertu de la règle principale de la Recommandation 4

18. Consécutivement à l'application de la règle relative aux paiements réputés avoir été effectués par une succursale, il subsiste une asymétrie de résultats fiscaux dans le schéma impliquant une succursale. Cela s'explique par le fait que le siège et la succursale invoquent tous deux des déductions pour les prestations de services externes qui, au total, excèdent le montant total des dépenses consacrées à ces services.

19. Il peut être possible pour A Co d'identifier poste par poste ou catégorie par catégorie la mesure dans laquelle le montant des dépenses déductibles invoquées dans la juridiction de la succursale excède le montant qui a été affecté à la succursale par le siège. Néanmoins, il sera généralement très difficile pour un contribuable d'entreprendre ce type d'analyse détaillée pour les opérations commerciales les plus complexes d'une succursale. Dans de telles situations, il devrait être permis à A Co, en vertu des lois de la juridiction compétente, d'adopter, pour le suivi des éléments de revenu soumis à une double déduction et une double inclusion, une solution plus simple qui s'appuie autant que possible sur les règles nationales en vigueur, les orientations de l'administration, les hypothèses et les calculs fiscaux tout en répondant aux objectifs fondamentaux de la Recommandation 4.

20. Par exemple, en vertu des lois du Pays A, A Co pourrait déterminer globalement le montant total des doubles déductions en comparant les déductions invoquées au titre de dépenses réelles et de pertes dans les juridictions de la succursale et du siège et imputées sur les dépenses totales du contribuable (en excluant les dépenses qui n'étaient pas déductibles selon les lois de la juridiction de la succursale ou du siège). L'excédent peut être traité comme une double déduction (faisant l'objet d'un ajustement en vertu de la Recommandation 4) dans la mesure où il ne peut être expliqué en se référant uniquement à des écarts temporels ou d'évaluation. Ce calcul est illustré par l'exemple ci-dessous sur la base des chiffres du tableau B.5.2.

Tableau B.5.3. **Calcul des déductions totales invoquées par le siège et la succursale**

Déductions au titre de dépenses réelles en vertu des lois du Pays A		
Frais de personnel	(10)	
Frais administratifs	(20)	
Prestations de services externes	(50)	
Montant total des dépenses réelles déductibles (Pays A)		(80)
Déductions au titre de dépenses réelles en vertu des lois du Pays B		
Frais de personnel	(30)	
Frais administratifs	(20)	
Licence de logiciel et support informatique	(10)	
Autres prestations de services externes	(30)	
Frais de recherche-développement*	(10)	
Montant total des dépenses réelles déductibles (Pays B)		(100)
Montant total des déductions fiscales invoquées dans les deux juridictions au titre de la période concernée		(180)

* On notera que, pour prendre en compte le total des déductions au titre des dépenses de la succursale B, la succursale devrait prendre en compte toute réduction de l'ajustement effectué en vertu de la Recommandation 3 due à l'affectation d'une dépense équivalente par le siège.

21. Le total des déductions invoquées par le siège et la succursale pour la période concernée excède la dépense réelle (ajustée des impôts) inscrite dans les comptes. La différence de 20 (qui n'est pas imputable à des différences tenant à la date de comptabilisation des dépenses) devrait être traitée comme entraînant une double déduction. Le tableau B.5.4 décrit l'ajustement requis en vertu des lois des Pays A et B.

Tableau B.5.4. **Ajustements au titre des Recommandations 3 et 4**

Pays A			Pays B		
Revenu	**Impôt**	**Valeur comptable**	**Revenu**	**Impôt**	**Valeur comptable**
Clients A	200	200			
			Clients B	200	200
Charges d'exploitation			**Charges d'exploitation**		
Frais de personnel	(10)	(10)	Frais de personnel	(30)	(30)
Frais administratifs	(20)	(20)	Frais administratifs	(20)	(20)
Frais de recherche-développement)	-	(10)			
Prestations de services externes	(50)	(70)			
			Redevance réputée effectuée	(40)	-
			Licence de logiciel et support informatique	(10)	-
			Autres prestations de services externes	(30)	-
Ajustement au titre de la Recommandation 4	20		Ajustement au titre de la Recommandation 3	40	
			Frais de recherche-développement affectés par le siège	(10)	
Gain net avant impôt		90	Gain net avant impôt		150
Revenu imposable	140		Revenu imposable	100	

22. Par conséquent, l'effet final des recommandations de ce rapport sur les faits repris dans le présent exemple est que :

a. la juridiction de la succursale ne devrait pas autoriser la déduction d'un paiement notionnel dans la mesure où le revenu ou la dépense liés à ce paiement ne sont pas pris en compte selon les lois de la juridiction de résidence ;

b. toutes les déductions dues à des dépenses réelles qui sont à la fois prises en compte chez la succursale et chez le siège sont refusées au niveau de ce dernier dans la mesure où la succursale les a déjà déduites de revenus de la succursale (exemptés d'impôt).

23. Cet ensemble de règles a pour effet de garantir que la déduction pour le paiement réputé effectué ne puisse être invoquée que si (et dans la mesure où) le contribuable a dûment pris en compte son effet dans la juridiction de la contrepartie et où le total des

déductions invoquées par le contribuable chez le siège et la succursale n'excède pas le montant réel des dépenses déductibles du contribuable. Un ajustement en vertu de la règle relative aux asymétries impliquant une succursale fait que la totalité du bénéfice net du contribuable est soumise à l'impôt en vertu des lois de la juridiction de la succursale ou de celle de résidence tout en faisant en sorte que cet ajustement n'aboutit pas à une double imposition.

Exemple 6

Application de la règle principale de la Recommandation 4 à un contribuable ayant des succursales multiples

Faits

1. Les faits illustrés dans cet exemple sont les mêmes que ceux de l'Exemple 5, si ce n'est que A Co dispose également d'une succursale identique dans le pays C. Le Pays A exempte d'impôts les revenus des deux succursales. Comme dans l'exemple précédent, A Co conclut divers contrats de prestations de services avec des fournisseurs externes. Les succursales B et C enregistrent toutes deux un ou plusieurs paiements notionnels au siège afin de rémunérer ce dernier pour l'exécution de prestations de services ou de la prise en charge de risques ou la propriété d'actifs détenus par le siège. Les activités de A Co dans les Pays B et C (y compris les montants payés aux prestataires de services externes) sont illustrées dans le graphique ci-dessous.

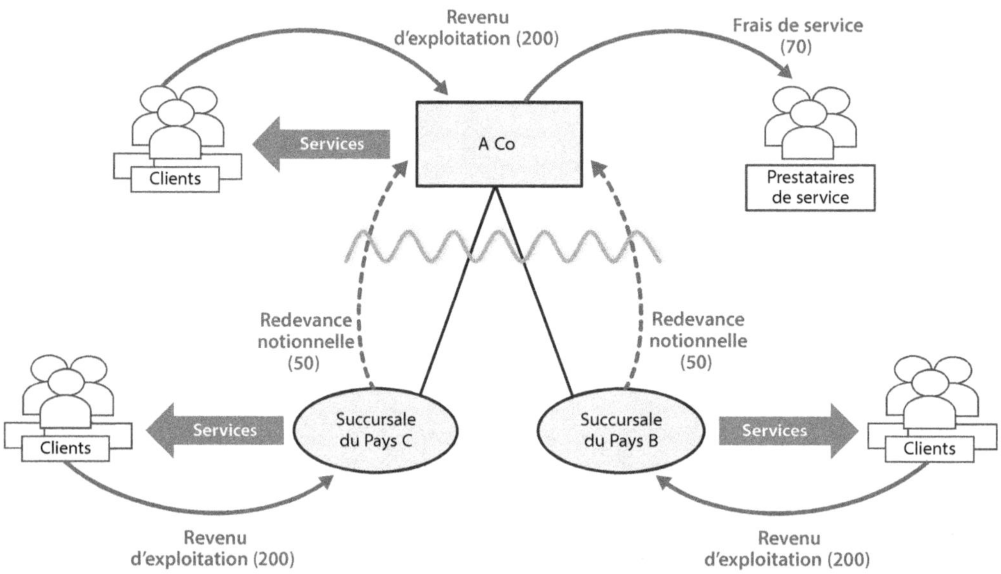

2. Supposons que le Pays B ait appliqué la règle relative aux paiements réputés avoir été effectués par une succursale de manière à neutraliser l'asymétrie résultant du paiement notionnel entre la succursale B et le siège. Le tableau B.6.1 illustre la position nette du siège et des succursales à des fins fiscales à l'issue de la restructuration.

3. Les chiffres des Pays A et B du tableau B.6.1 sont identiques à ceux du tableau B.5.2, si ce n'est que A Co est uniquement autorisée à déduire 30 sur ses dépenses totales de 70 en prestations de services externes (le solde de ces dépenses étant considéré comme réparti à parts égales entre les deux succursales). Bien que A Co ait ordinairement le droit de déduire des frais de R&D, cette déduction est refusée en raison du fait que la propriété intellectuelle en question est utilisée par la succursale B (voir l'analyse dans l'Exemple 4 ci-dessus),

4. Les activités de la succursale B sont identiques à celles décrites dans l'Exemple 5 (et l'ajustement effectué en vertu de la règle sur les paiements réputés avoir été effectués par

une succursale est le même que dans cet exemple). Bien que les activités de la succursale C soient identiques à celles du Pays B, le Pays C n'a pas appliqué les règles relatives aux asymétries impliquant une succursale et n'effectue donc aucun ajustement au titre de la Recommandation 3 pour le paiement réputé avoir été effectué par la succursale. Au total, ces affectations ont pour effet (après l'application de la règle sur les paiements réputés dans le Pays B) que A Co est obligée d'inclure un revenu total de 310, comparé à un gain net (avant impôt) de 390, soit un écart de 80.

Tableau B.6.1. **Asymétrie résultant de paiements réputés effectués et réels**

Pays A			Pays B			Pays C		
Revenu	**Impôt**	**Valeur comptable**		**Impôt**	**Valeur comptable**	**Revenu**	**Impôt**	**Valeur comptable**
Clients A	200	200	Clients B	200	200	Clients C	200	200
Charges d'exploitation			**Charges d'exploitation**			**Charges d'exploitation**		
Frais de personnel	(10)	(10)	Frais de personnel	(30)	(30)	Frais de personnel	(30)	(30)
Frais administratifs	(20)	(20)	Frais administratifs	(20)	(20)	Frais administratifs	(20)	(20)
Recherche et développement	-	(10)	Redevance réputée effectuée	(40)	-	Redevance réputée effectuée	(40)	-
Prestations de services externes	(30)	(70)	Licence de logiciel et support informatique	(10)	-	Licence de logiciel et support informatique	(10)	-
			Autres prestations de services externes	(30)	-	Autres prestations de services externes	(30)	-
			Ajustement au titre de la Recommandation 3	40				
			Frais de recherche-développement affectés par le siège	(10)				
Gain net avant impôt		90	Gain net avant impôt		150	Gain net avant impôt		150
Revenu imposable	140		Revenu imposable	100		Revenu imposable	70	

Question

5. Comment le Pays A appliquerait-il la règle principale de la Recommandation 4 de manière à neutraliser l'asymétrie des résultats fiscaux issue du dispositif décrit ci-dessus ?

Réponse

6. Dans la mesure où cette asymétrie est due à des effets de double déduction, elle fera l'objet d'un ajustement dans le Pays A en vertu de la règle principale de la Recommandation 4. La Recommandation 4 ne s'appliquera cependant pas de manière à neutraliser l'asymétrie associée au paiement de redevance réputée qui a été effectué par la succursale C.

Analyse

Ajustement au titre de la règle principale de la Recommandation 4

7. En vertu de la règle principale de la Recommandation 4, la juridiction de l'investisseur (Pays A) devrait limiter la déductibilité de tout paiement, dépense ou perte qui est également déductible selon les lois des juridictions des bénéficiaires (Pays B et C) de telle sorte que ce montant ne puisse être déduit que de revenus soumis à double inclusion. Dans ce cas, où le Pays A assure une exemption générale aux revenus de la succursale, il est probable que toute déduction qui est également déductible dans la juridiction de résidence finira par être compensée avec des revenus qui ne sont pas soumis à l'impôt dans la juridiction de résidence.

8. Comme dans l'Exemple 5, il sera généralement déraisonnable d'attendre de A Co qu'elle examine ligne par ligne (ou même catégorie par catégorie) sa comptabilité pour déterminer si le montant de la dépense déductible invoquée dans la juridiction de la succursale excède celui qui a été affecté à la succursale par le siège et A Co devrait être autorisée, en vertu des lois du Pays A, à utiliser, pour son application, une solution simple, fiable et qui, dans la mesure du possible, soit basée sur les règles nationales en vigueur, les orientations de l'administration, les hypothèses et les calculs fiscaux tout en étant conforme aux objectifs fondamentaux de la Recommandation 4.

9. Par exemple, A Co pourrait déterminer globalement le montant total des doubles déductions en comparant les déductions invoquées au titre de dépenses réelles et de pertes dans les juridictions de la succursale et du siège et imputées sur les dépenses totales du contribuable (en excluant les dépenses qui n'étaient pas déductibles selon les lois de la juridiction de la succursale ou du siège). L'excédent peut être traité comme une double déduction (faisant l'objet d'un ajustement en vertu de la Recommandation 4) dans la mesure où il ne peut être expliqué en se référant uniquement à des écarts temporels ou d'évaluation. Ce calcul est illustré par l'exemple ci-dessous sur la base des chiffres du tableau B.6.2.

10. Le tableau B.6.2 montre que le total des déductions utilisées par le siège et la succursale dans leurs déclarations d'impôt pour la période en question est de 250. Il doit être comparé aux 210 de dépenses totales enregistrées dans leurs déclarations d'impôt sur les bénéfices. L'excédent peut être traité comme une double déduction (faisant l'objet d'un ajustement en vertu de la Recommandation 4) dans la mesure où il ne peut être expliqué en se référant uniquement à des écarts temporels ou d'évaluation.

Tableau B.6.2. **Calcul des déductions totales invoquées dans chaque juridiction**

Déductions au titre de dépenses réelles en vertu des lois du pays A		
Frais de personnel	(10)	
Frais administratifs	(20)	
Prestations de services externes	(30)	
Montant total des dépenses réelles déductibles (Pays A)		(60)
Déductions au titre de dépenses réelles en vertu des lois du Pays B		
Frais de personnel	(30)	
Frais administratifs	(20)	
Licence de logiciel et support informatique	(10)	
Autres prestations de services externes	(30)	
Frais de recherche-développement affectés à la succursale B)*	(10)	
Montant total des dépenses réelles déductibles (Pays B)		(100)

Tableau B.6.2. **Calcul des déductions totales invoquées dans chaque juridiction** *(suite)*

Déductions au titre de dépenses réelles en vertu des lois du Pays C		
Frais de personnel	(30)	
Frais administratifs	(20)	
Licence de logiciel et support informatique	(10)	
Autres prestations de services externes	(30)	
Montant total des dépenses réelles déductibles (Pays C)		(90)

* On notera que, pour prendre en compte le total des déductions au titre des dépenses de la succursale B, la succursale devrait prendre en compte toute réduction de l'ajustement effectué en vertu de la Recommandation 3 qui est due à l'affectation d'une dépense équivalente par le siège.

11. Le tableau B.6.3 décrit l'ajustement requis par les lois du Pays A. On notera que cet ajustement n'élimine pas entièrement l'asymétrie de résultats fiscaux et que l'asymétrie qui subsiste est due au paiement notionnel dans le pays C.

Tableau B.6.3. **Ajustements au titre des Recommandations 3 et 4**

Pays A			Pays B			Pays C		
Revenu	**Impôt**	**Valeur comptable**		**Impôt**	**Valeur comptable**	**Revenu**	**Impôt**	**Valeur comptable**
Clients A	200	200	Clients B	200	200	Clients C	200	200
Charges d'exploitation			**Charges d'exploitation**			**Charges d'exploitation**		
Frais de personnel	(10)	(10)	Frais de personnel	(30)	(30)	Frais de personnel	(30)	(30)
Frais administratifs	(20)	(20)	Frais administratifs	(20)	(20)	Frais administratifs	(20)	(20)
Recherche et développement)	-	(10)	Redevance réputée effectuée	(40)	-	Redevance réputée effectuée	(40)	-
Prestations de services externes	(30)	(70)	Licence de logiciel et support informatique	(10)	-	Licence de logiciel et support informatique	(10)	-
			Autres prestations de services externes	(30)	-	Autres prestations de services externes	(30)	-
Ajustement au titre de la Recommandation 4	40		Ajustement au titre de la Recommandation 3	40				
			Frais de recherche-développement affectés par le siège)	(10)				
Gain net avant impôt		90	Gain net avant impôt		150	Gain net avant impôt		150
Revenu imposable	180		Revenu imposable	100		Revenu imposable	70	

12. L'effet final des recommandations de ce rapport sur ce dispositif est que :

a. le Pays B ne devrait pas autoriser la déduction d'un paiement notionnel dans la mesure où le revenu ou la dépense liés à ce paiement ne sont pas pris en compte selon les lois de la juridiction de résidence ;

b. toutes les déductions dues à des dépenses réelles qui sont prises en compte tant chez la succursale qu'au siège sont refusées au niveau de ce dernier dans la mesure où la succursale les a déjà déduites de revenus de la succursale (exemptés d'impôt) ;

c. Aucun ajustement n'est requis au titre de l'asymétrie impliquant une succursale qui est due au paiement notionnel entre la succursale C et le siège parce que le Pays C n'a pas adopté les règles sur les asymétries impliquant une succursale.

13. Au total, ces règles ont pour effet de faire en sorte que la juridiction de la succursale (Pays B) n'accorde de déduction pour le paiement réputé que si et dans la mesure où le contribuable a pris en compte l'effet de ce paiement dans la juridiction de la contrepartie. En outre, l'application de la Recommandation 4 dans le Pays A garantit que le total des déductions fiscales invoquées par le contribuable au siège et chez la succursale n'excède pas les dépenses déductibles réelles du contribuable. En ce qui concerne l'asymétrie qui demeure, cet exemple montre que les modifications du champ de l'exemption des succursales prévue par la Recommandation 1 peuvent, dans certains cas, être un moyen plus efficace pour contrer les asymétries impliquant une succursale que la réalisation d'ajustements au niveau de cette dernière.

Exemple 7

Application de la règle secondaire de la Recommandation 4 à un contribuable ayant des succursales multiples

Faits

1. Les faits illustrés dans cet exemple sont identiques à ceux de l'Exemple 6, si ce n'est que seuls les Pays B et C ont mis en vigueur les règles sur les asymétries impliquant une succursale.

Question

2. Comment la règle relative aux paiements réputés avoir été effectués par une succursale qui est énoncée dans la Recommandation 3 et la règle secondaire de la Recommandation 4 s'appliquent-elles de manière à neutraliser l'asymétrie de résultats fiscaux résultant de ce dispositif?

Réponse

3. Les Pays B et C devraient refuser la déduction du paiement de redevances réputé en vertu de la règle sur les paiements réputés avoir été effectués par une succursale qui est énoncée dans la Recommandation 3, à moins que le pays A a affecté une catégorie de dépenses équivalente à la succursale B sous la forme du refus d'une déduction pour les frais de recherche-développement (R&D). Il convient également de refuser à chaque succursale une déduction en vertu de la règle sur les doubles déductions énoncée dans la Recommandation 4 dans la mesure où le montant total des déductions fiscales invoquées dans les juridictions du siège et de la succursale excède le total de la dépense (ajustée en tenant compte des impôts) exposée au siège et dans chaque succursale.

Analyse

Ajustements requis aux termes des lois du Pays B

4. Conformément à l'analyse présentée dans l'Exemple 4, le Pays B devrait refuser la déduction du montant de la redevance réputée, sauf dans la mesure où le pays A a affecté une catégorie de dépenses équivalente à la succursale sous la forme du rejet d'une déduction pour les frais de R&D.

5. En pratique, il peut être difficile pour la succursale dans le Pays Bd'entreprendre un rapprochement ligne par ligne de chaque élément de revenu et de dépense pour déterminer s'il existe une double déduction au niveau de la succursale. Le Pays B peut autoriser la succursale à totaliser les déductions fiscales invoquées au titre de dépenses réelles et de pertes du siège et de la succursale et à comparer ce montant avec les dépenses réelles afin de déterminer le montant des doubles déductions renvendiquées par la succursale.

6. Un exemple de calcul des dépenses respectives du siège et de la succursale B figure dans le tableau B.6.2. Le total (160) peut être comparé avec les dépenses totales enregistrées dans les comptes du siège et de la succursale (c'est-à-dire leurs dépenses réelles ajustées

de manière à tenir compte de l'ensemble des montants que le siège considère comme imputables à une autre succursale). Le tableau B.7.1 indiquant le montant des dépenses réelles encourues par la succursale B et le siège a été inséré ci-dessous.

Tableau B.7.1. **Calcul des dépenses dans chaque juridiction**

Dépenses réelles du siège		
Frais de personnel	(10)	
Frais administratifs	(20)	
Frais de recherche-développement affectés à la succursale B)	(10)	
Prestations de services externes	(70)	
Ajustement pour la prise en compte du montant affecté à la succursale C*	20	
Montant total des dépenses réelles (pays A)		(90)
Dépenses réelles de la succursale B		
Frais de personnel	(30)	
Frais administratifs	(20)	
Montant total des dépenses réelles (Pays B)		(50)
Dépenses totales du siège et de la succursale B		(140)

7. Un contribuable dispose de plusieurs méthodes pour calculer le montant des dépenses encourues dans les juridictions du siège et des succursales. La méthode retenue par le contribuable doit être basée sur les comptes existants tels qu'établis conformément aux normes en vigueur dans les juridictions où opère le contribuable. Dans le calcul présenté dans le tableau B.7.1 ci-dessus, A Co est partie des dépenses enregistrées dans les comptes du siège puis a corrigé ces montants des dépenses qui peuvent être considérées comme imputable à la succursale dans le Pays C afin de déterminer le montant total des dépenses au siège et chez la succursale dans le Pays B. Lorsqu'il effectue ce calcul, le contribuable devra adopter une méthode simple mais fiable et cohérente pour la réalisation de ces ajustements et il faudra que cette méthode puisse être utilisée dans chacune des juridictions qui applique des règles compatibles avec la Recommandation 4. Dans une telle situation où des charges externes ont déjà été affectées en vertu des lois du Pays A (et l'on suppose que les succursales dans les Pays B et C sont identiques), A Co a réparti cette affectation à parts égales entre les deux juridictions.

8. En l'espèce, les déductions revendiquées excèdent les dépenses réelles à hauteur de (160-140 =) 20. Cet excédent peut être traité comme une double déduction (faisant l'objet d'un ajustement en vertu de la Recommandation 4) dans la mesure où il ne peut être expliqué en se référant uniquement à des écarts temporels ou d'évaluation.

Ajustements requis aux termes des lois du Pays C

9. Un calcul similaire peut être effectué en vertu des lois du Pays C. L'ajustement requis en vertu de la Recommandation 3 est cependant plus élevé que dans le Pays B puisque cet ajustement n'est pas compensé par l'affectation d'une dépense équivalente sous la forme de frais de R&D. En vertu de la Recommandation 4, le total des déductions invoquées au titre de dépenses réelles dans les deux juridictions est de 150 alors que le total des dépenses enregistrées dans les comptes du siège et de la succursale (ajusté de manière à tenir compte

de tous montants dont le siège considère qu'ils doivent être affectés à la succursale B) est de 130. Dans le cas présent, les déductions revendiquées excèdent les dépenses réelles à hauteur de (150-130 =) 20. Cet excédent de 20 peut être traité comme une double déduction (faisant l'objet d'un ajustement en vertu de la Recommandation 4) dans la mesure où il ne peut être expliqué en se référant uniquement à des écarts temporels ou d'évaluation. Le tableau B.7.2 indique le montant net de l'ajustement requis en vertu des lois des Pays B et C.

Tableau B.7.2. **Ajustements au titre des lois des Pays B et C**

Pays A			**Pays B**			**Pays C**		
Revenu	**Impôt**	**Valeur comptable**		**Impôt**	**Valeur comptable**	**Revenu**	**Impôt**	**Valeur comptable**
Clients A	200	200	Clients B	200	200	Clients C	200	200
Charges d'exploitation			**Charges d'exploitation**			**Charges d'exploitation**		
Frais de personnel	(10)	(10)	Frais de personnel	(30)	(30)	Frais de personnel	(30)	(30)
Frais administratifs	(20)	(20)	Frais administratifs	(20)	(20)	Frais administratifs	(20)	(20)
Recherche-développement)	-	(10)	Redevance réputée effectuée	(40)	-	Redevance réputée effectuée	(40)	-
Prestations de services externes	(30)	(70)	Licence de logiciel et support informatique	(10)	-	Licence de logiciel et support informatiques	(10)	-
			Autres prestations de services externes	(30)	-	Autres prestations de services externes	(30)	-
			Ajustement au titre de la Recommandation 3	40		Ajustement au titre de la Recommandation 3	40	
			Frais de recherche-développement affectés par le siège	(10)				
			Ajustement au titre de la Recommandation 4	20		Ajustement au titre de la Recommandation 4	20	
Gain net avant impôt		90	Gain net avant impôt		150	Gain net avant impôt		150
Revenu imposable	140		Revenu imposable	120		Revenu imposable	130	

10. Le tableau B.7.2 décrit les ajustements requis par les lois des Pays B et C. On notera que ces ajustements éliminent l'asymétrie de résultats fiscaux puisque le paiement réputé avoir été effectué par une succursale a été neutralisé dans le Pays C en vertu de la Recommandation 3. L'effet final des recommandations de ce rapport sur ce dispositif est que :

a. les succursales B et C ne devraient pas autoriser la déduction d'un paiement notionnel dans la mesure où le revenu ou la dépense liés à ces paiements ne sont pas pris en compte selon les lois de la juridiction de résidence ; et

b. toutes les déductions dues à des dépenses réelles qui sont prises en compte à la fois au siège et chez la succursale sont refusées au niveau de cette dernière dans la mesure où le siège les a déjà déduites de revenus qui ne sont pas imposables chez la succursale.

11. Ces règles ont pour effet de faire en sorte que la succursale n'accorde de déduction pour un paiement réputé effectué que si et dans la mesure où le contribuable a pris en compte l'effet de ce paiement dans la juridiction de la contrepartie et où le total des

déductions fiscales invoquées par le contribuable au siège et chez la succursale n'excède pas les dépenses déductibles réelles du contribuable. Les ajustements réalisés en vertu des règles relatives aux asymétries impliquant une succursale garantissent que la totalité du bénéfice net du contribuable est soumise à l'impôt en vertu des lois de la juridiction de la succursale ou de celle de résidence tout en faisant en sorte que ces ajustements n'aboutissent pas à une double imposition.

Exemple 8

Affectation de dépenses de tiers conformément à la Recommandation 3

Faits

1. A Co est une société établie et résidant dans le Pays A. A Co utilise ses capitaux propres et des fonds empruntés à une banque non liée pour octroyer un prêt à un client situé dans le Pays A (Client A). A Co prête également des fonds à un client situé dans le Pays B (Client B) par l'intermédiaire d'une succursale située dans ce même pays (succursale B).

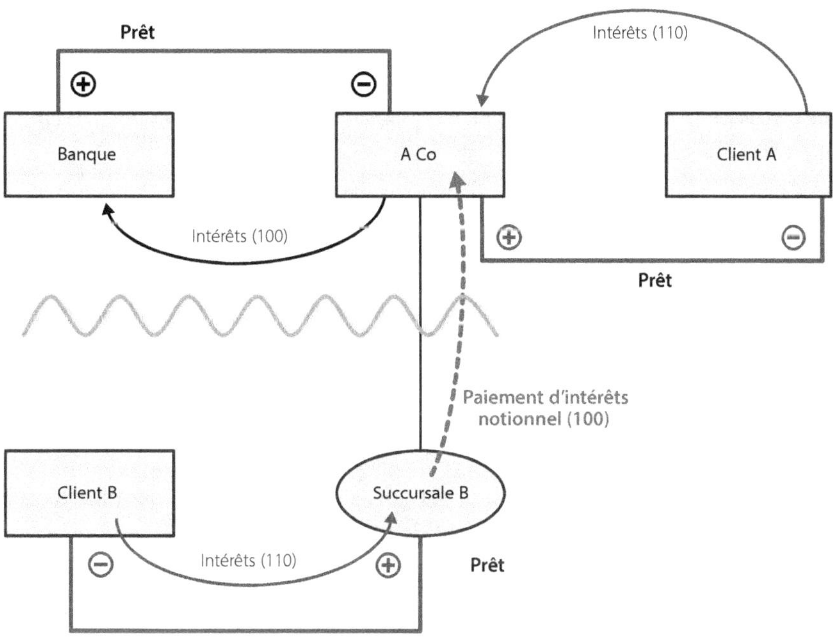

2. Les règles du Pays A en matière d'attribution des revenus et des dépenses à la succursale requièrent que le siège considère qu'une partie des intérêts payés à la banque doit être attribuée à la succursale exonérée (et par conséquent n'est pas déductible au regard de la législation du Pays A).

3. En vertu des lois du Pays B, le bénéfice net de la succursale B est calculé comme si cette dernière était une entité fiscalement distincte; nénanmoins, dans ce calcul, le Pays B considère que la succursale B effectue un paiement d'intérêts au profit du siège. Le tableau B.8.1 illustre l'asymétrie de résultats fiscaux résultant de ce dispositif.

4. Comme le montre le tableau B.8.1, A Co perçoit un revenu d'intérêts total de 220 et a des charges d'intérêts de 100. Le gain net (avant impôt) procuré par ce dispositif est donc égal à 120. Selon les lois du Pays B, la succursale B est imposable sur les intérêts payés par le Client B (de 110) et a droit à une déduction au titre des intérêts notionnels (de 100) sur un prêt hypothétique du siège. Le bénéfice net soumis à l'impôt dans le Pays B est donc égal à 10.

5. En vertu des lois du Pays A, le siège de A Co est également imposé sur un montant de 110 au titre du revenu d'intérêts. Les intérêts payés par le Client B ont droit à l'exonération

prévue pour les succursales et ne sont pas soumis à l'impôt en vertu de la loi du Pays A. Cependant, à des fins fiscales, A Co est tenue d'attribuer la moitié de la charge d'intérêts afférente au prêt bancaire à la succursale exonérée de sorte que le montant total des intérêts déductibles en vertu de la législation du Pays A est seulement de 50, si bien que le siège doit déclarer un revenu net imposable de 60 en vertu de la législation du Pays A.

Tableau B.8.1. **Asymétrie résultant d'un paiement notionnel**

Pays A			Pays B		
	Impôt	Valeur comptable		Impôt	Valeur comptable
Revenu			**Revenu**		
Intérêts payés par le Client A	110	110			
			Intérêts payés par le Client B	110	110
Charge			**Charge**		
Intérêts payés à la banque	(50)	(100)	Intérêts notionnels au siège social	(100)	
Gain net		10	Gain net		110
Revenu imposable	60		Revenu imposable	10	

6. Ce dispositif a pour effet que le revenu imposable de A Co en vertu des lois des Pays A et B est seulement de 70 alors que le bénéfice net total de A Co généré par ce dispositif est de 120.

Question

7. Comment les recommandations de ce rapport s'appliquent-elles de manière à neutraliser l'asymétrie des résultats fiscaux issue de ce dispositif?

Réponse

8. Le paiement notionnel d'intérêts traité comme s'il avait été effectué par la succursale B devrait être considéré comme une charge d'intérêts réelle dans la mesure où il représente ou est calculé par référence à une charge d'intérêts réelle enregistrée dans les comptes du bénéficiaire. Le traitement du paiement notionnel comme une charge d'intérêts réelle a pour effet que l'asymétrie sera soumise à un ajustement en vertu de la Recommandation 4.

9. S'il n'est pas possible de relier précisément et de façon fiable le paiement d'intérêts notionnel à une dépense d'intérêts réelle enregistrée dans les comptes du contribuable, le Pays B doit refuser la déduction pour la totalité du paiement d'intérêts réputé, à moins que le pays A a affecté une catégorie équivalente de coûts de financement à la succursale.

Analyse

Paiement notionnel soumis à ajustement en vertu de la Recommandation 4 dans la mesure où il représente une charge d'intérêts réelle

10. Bien que, en vertu des lois du Pays B, ce paiement soit traité comme un paiement d'intérêts notionnel au siège, si, dans la pratique, ce paiement est calculé par référence aux coûts d'emprunt réels de A Co ou à des dépenses d'intérêts ou coûts d'emprunt figurant

dans la déclaration d'impôt du bénéficiaire qui peuvent être attribués directement au paiement d'intérêts notionnel, la charge d'intérêts invoquée en vertu des lois du Pays B ne devrait pas être traitée comme un paiement réputé effectué dans le cadre de la règle relative aux paiements réputés avoir été effectués par une succursale. Ce type de paiement d'intérêts notionnel est en réalité une affectation de fraisd'intérêt de tierces parties à la succursale en vertu des lois du Pays B qui doit être traitée comme donnant lieu à un effet de double déduction soumis à un ajustement en vertu de la Recommandation 4 (voir à ce sujet l'analyse dans l'Exemple 9).

11. Les faits qui caractérisent cet exemple n'impliquent qu'un seul prêt et une seule charge d'intérêts notionnelle. Si les opérations de financement d'une succursale représentent un montant significatif, le contribuable peut éprouver des difficultés à établir le lien entre des charges d'intérêts notionnelles et des coûts d'emprunt externes réels. Dans le cas d'opérations de financement significatives, le contribuable peut avoir conclu plusieurs emprunts et transactions de couverture et offert ou reçu des garanties qui rendent difficile (voire impossible) la détermination du lien entre la charge d'intérêts notionnelle et une quelconque dépense d'intérêts externe identifiable. Dans une telle situation, si le paiement notionnel n'est pas calculé expressément par référence à des dépenses réelles du bénéficiaire et s'il n'existe pas de dépenses détaillées du même type qui puissent être attribuées directement à ce paiement notionnel dans la déclaration d'impôt du bénéficiaire, le contribuable devrait traiter le paiement notionnel comme un paiement réputé soumis à un ajustement en vertu de la Recommandation 3.

Aucun ajustement requis au titre de la Recommandation 3 dans la mesure où le siège affecte des dépenses d'une catégorie équivalente

12. Un paiement d'intérêts réputé effectué entre la succursale et le siège ne doit pas donner lieu à un ajustement en vertu de la règle relative aux paiements réputés avoir été effectués par une succursale dans la mesure où le paiement est comptabilisé via l'attribution réelle d'intérêts versés à des tiers par le siège en vertu de la législation du Pays A.

13. Contrairement à l'approche du traçage décrite ci-dessus, qui sert à déterminer si un paiement notionnel représente ou est calculé par référence à une dépense réelle du contribuable, il faut, pour décider si un paiement réputé effectué appartient à une catégorie équivalente en tant qu'élément de dépense ou de perte dans la juridiction du siège, recourir à un critère plus large qui doit être appliqué aux éléments de même nature. Dans une telle situation, le paiement réputé comptabilisé en vertu des lois du Pays B et la dépense qui doit être affectée en vertu de celles du Pays A concernent la même catégorie générale de dépenses (les coûts de financement), si bien que les deux éléments doivent être considérés comme appartenant à une catégorie équivalente dans le cadre de la règle relative ayx paiements réputés avoir été effectués par une succursale.

14. Le paiement réputé effectué n'a pas besoin d'être du même type que la dépense ou perte affectée par le bénéficiaire, ni d'être calculé de la même manière. Par conséquent, si les coûts de financement dans la juridiction du bénéficiaire qui ont été attribués à la succursale incluaient des swaps, des produits dérivés ou des commissions de garantie, ils devraient quand même être traités comme des dépenses d'une catégorie équivalente en dépit du fait qu'ils sont d'un autre type et calculés d'une manière différente.

15. Dans une telle situation, une partie des intérêts notionnels traités comme s'ils avaient été payés au siège par la succursale en vertu des lois du pays B (50) est donc considérée comme ayant été constatée dans la juridiction de résidence pendant la même période en vertu de l'affectation correspondante à la succursale qui a été effectuée par le siège en

vertu des lois du Pays A. Aucun ajustement ne serait requis en vertu de la règle relative aux paiements réputés avoir été effectués par une succursale dans la mesure où le paiement notionnel (selon les lois du Pays B) est considéré comme ayant été comptabilisé au moyen de cette affectation. La règle relative aux paiements réputés avoir été effectués par une succursale continuera néanmoins à s'appliquer dans la mesure où les intérêts notionnels payés au siège n'ont pas été comptabilisés à traverss une affectation correspondante des intérêts versés à des tiers. Par conséquent, dans cet exemple, seule une partie (50) de la charge d'intérêts notionnelle serait appréhendée par la règle relative aux paiements réputés avoir été effectués par une succursale.

16. L'effet final des recommandations de ce rapport sur ce dispositif est que :

a. un paiement notionnel qui est en réalité une affectation de coûts d'intérêt externes à la succursale doit être traité comme un paiement générant un effet de double déduction pouvant être soumis à un ajustement en vertu de la Recommandation 4 ;

b. un paiement notionnel qui ne peut être attribué à une quelconque charge externe (c'est-à-dire un paiement réputé effectué) n'est pas déductible par la succursale dès lors qu'il excède le montant des dépenses déductibles d'une catégorie équivalente qu'elle a attribuées à la juridiction du payeur.

17. En définitive, ces règles ont pour effet de garantir que la succursale n'accorde une déduction pour le paiement réputé effectué que si (et dans la mesure où) le contribuable a pris en compte l'effet de ce paiement dans la juridiction de la contrepartie. Les ajustements réalisés en vertu de la règle relative aux asymétries impliquant une succursale garantissent que la totalité du bénéfice net du contribuable est soumise à l'impôt dans la juridiction de la succursale ou dans celle de résidence tout en faisant en sorte que ces ajustements n'aboutissent pas à une double imposition.

Tableau B.8.2. **Ajustement au titre de la Recommandation 3**

Pays A			Pays B		
	Impôt	Valeur comptable		Impôt	Valeur comptable
Revenu			**Revenu**		
Intérêts payés par le Client A	110	110			
			Intérêts payés par le Client B	110	110
Charge			**Charge**		
Intérêts payés à la banque	(50)	(100)	Intérêts notionnels au siège social	(100)	
			Ajustement au titre de la Recommandation 3	50	
Gain net		10	Gain net		110
Revenu imposable	60		Revenu imposable	60	

Exemple 9

Affectation de dépenses de tiers conformément à la Recommandation 4

Faits

1. Les faits sont identiques à ceux de l'Exemple 8, si ce n'est qu'il n'existe pas de paiement d'intérêts notionnel entre la succursale et le siège. A Co utilise ses capitaux propres et des fonds empruntés à une banque non liée pour octroyer un prêt à un client situé dans le Pays A (Client A) et à un client situé dans le Pays B (Client B). Le prêt au Client B est effectué par l'intermédiaire d'une succursale établie dans ce pays (succursale B). La structure des opérations de prêt de A Co est illustrée dans le graphique ci-dessous.

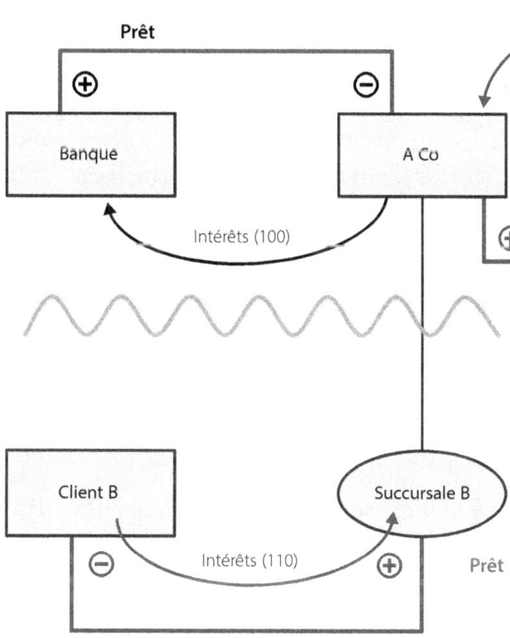

2. Les règles du Pays A en matière d'attribution des revenus et des dépenses à la succursale requièrent du siège qu'il considère qu'une partie des intérêts payés à la banque est imputable à la succursale exonérée (et par conséquent non déductible au regard de la législation du Pays A). En vertu des lois du Pays B, le bénéfice net de la succursale B est calculé comme si cette dernière était une entité fiscalement distincte ; néanmoins, dans ce calcul, le pays B applique à la déductibilité des intérêts une approche du traçage qui considère que la totalité des dépenses d'intérêts encourues par A Co doit être attribuée à la succursale. Le tableau B.9.1 illustre l'asymétrie de résultats fiscaux issu de ce dispositif.

3. Comme le montre le tableau B.9.1, A Co perçoit un revenu d'intérêts total de 220 et a des charges d'intérêts de 100. Le bénéfice net (avant impôt) procuré par ce dispositif est donc égal à 120. Selon les lois du Pays B, la succursale est imposable sur les intérêts de 110 payés par le Client B et a droit à une déduction pour la totalité des dépenses d'intérêts encourues au titre du prêt accordé par la banque. Le bénéfice net soumis à l'impôt dans le Pays B est donc égal à 10.

Tableau B.9.1. **Asymétrie résultant d'une double déduction**

Pays A			Pays B		
	Impôt	Valeur comptable		Impôt	Valeur comptable
Revenu			**Revenu**		
Intérêts payés par le Client A	110	110			
			Intérêts payés par le Client B	110	110
Charge			**Charge**		
Intérêts payés à la banque	(50)	(100)	Intérêts payés à la banque	(100)	
Gain net		10	Gain net		110
Revenu imposable	60		Revenu imposable	10	

4. En vertu des lois du Pays A, le siège de A Co est également imposé sur un montant de 110 au titre du revenu d'intérêts. Les intérêts payés par le Client B peuvent bénéficier de l'exonération prévue pour les succursales et ne sont pas soumis à l'impôt en vertu des lois du Pays A. Cependant, à des fins fiscales, A Co est tenue d'attribuer la moitié de la charge d'intérêts afférente au prêt bancaire à la succursale exonérée, ce qui ramène le montant total des intérêts déductibles en vertu de la législation du Pays A à 50 seulement, si bien que le siège doit déclarer un revenu net imposable de 60 en vertu des lois du Pays A.

5. Comme dans l'Exemple 8, l'effet global de ce dispositif est que le revenu imposable de A Co en vertu des lois des Pays A et B est de 70 alors que le gain net de A Co généré par ce dispositif est de 120.

Question

6. Comment la Recommandation 4 du rapport sur les asymétries impliquant une succursale s'applique-t-elle de manière à neutraliser l'asymétrie des résultats fiscaux issue de ce dispositif?

Réponse

7. En vertu de la règle principale de la Recommandation 4, le Pays A devrait limiter la déductibilité de toute charge d'intérêts qui est également déductible selon les lois du Pays B. Un ajustement similaire devrait être effectué dans le Pays B en vertu de la règle secondaire si la déduction n'est pas refusée dans la juridiction de résidence.

Analyse

8. Un effet de double déduction survient si le même paiement ou les mêmes dépenses ou pertes sont déductibles dans la juridiction où un tel paiement est effectué, ou dans laquelle des pertes sont subies ou des dépenses encourues (la juridiction du payeur), et dans une autre juridiction (la juridiction de l'investisseur). Dans une telle situation, où les dépenses d'intérêts réelles sont traitées comme si elles avaient été encourues directement par la succursale, c'est la juridiction de la succursale qui devrait être traitée comme la juridiction du payeur et la juridiction de résidence comme celle de l'investisseur.

9. La Recommandation 4 s'applique de manière à neutraliser un effet de double déduction dans la mesure où il génère une asymétrie impliquant une succursale. La Recommandation 4 exige que l'ajustement soit effectué en premier lieu dans la juridiction de l'investisseur (dans le cas présent, au niveau du siège). Selon la Recommandation 4.3, aucune asymétrie ne se produira dans la mesure où une déduction compense le revenu inclus en tant que tel selon les lois de la juridiction de l'investisseur et de celle du payeur (revenu soumis à double inclusion). Dans ce cas néanmoins, sous l'effet de l'exonération de la succursale dans le Pays A, le revenu de la succursale B échappe totalement à l'impôt dans le Pays A au cours de la période concernée.

Application de la réponse principale

10. Dans le cas présent il incombe à la juridiction de résidence d'appliquer la réponse principale. Le Pays A doit refuser les doubles déductions dont A Co veut bénéficier dans la mesure où elles aboutissent à une asymétrie de résultats fiscaux. Le tableau B.9.2 indique l'ajustement à opérer en vertu de la règle.

Tableau B.9.2. **Ajustement au titre de la Recommandation 4.1 (a)**

Pays A			Pays B		
	Impôt	**Valeur comptable**		**Impôt**	**Valeur comptable**
Revenu			**Revenu**		
Intérêts payés par le Client A	110	110			
Intérêts payés par le Client B	-	110	Intérêts payés par le Client B	110	-
Charge			**Charge**		
Intérêts payés à la banque	(50)	(100)	Intérêts payés à la banque	(100)	-
Ajustement	50				
Gain net		120	Gain net		-
Revenu imposable	110		Revenu imposable	10	

11. Le siège serait habilité à reporter la déduction refusée au titre des intérêts sur des exercices postérieurs, conformément aux règles ordinaires en vigueur dans son pays; cette déduction pourrait être compensée par des revenus futurs soumis à double inclusion. Ce revenu soumis à double inclusion pourrait être généré si, par exemple, les règles de répartition du revenu et des dépenses entre le siège et la succursale ont pour effet qu'un même élément de revenu est imposable en vertu des lois des deux juridictions.

Application de la règle défensive

12. Dans le cas où le Pays A n'appliquerait pas la réponse principale, le Pays B devrait refuser la déduction pour le paiement dans la mesure nécessaire pour empêcher que cette déduction soit imputée sur des revenus qui ne sont pas soumis à double inclusion. Le montant total de l'ajustement nécessaire en vertu de la loi du Pays B serait calculé comme suit :

Tableau B.9.3. **Ajustement au titre de la Recommandation 4.1 (b)**

Pays A			Pays B		
	Impôt	Valeur comptable		Impôt	Valeur comptable
Revenu			**Revenu**		
Intérêts payés par le Client A	110	110			
Intérêts payés par le Client B	-	110	Intérêts payés par le Client B	110	-
Charge			**Charge**		
Intérêts payés à la banque	(50)	(100)	Intérêts payés à la banque	(100)	-
			Ajustement	50	
Gain net		120	Gain net		-
Revenu imposable	60		Revenu imposable	60	

13. L'effet final des recommandations de ce rapport sur ce dispositif est que toutes les déductions pour des dépenses réelles qui sont prises en compte à la fois au siège et chez la succursale sont refusées au niveau du siège (ou de la succursale) dans la mesure où la juridiction de la contrepartie permet que la déduction soit compensée par des revenus non soumis à double inclusion. La structure et l'ordre des règles des Recommandations 3 et 4 garantissent que l'asymétrie est neutralisée sans créer de risque de double imposition.

Exemple 10

Effets de double déduction et traitement de l'asymétrie comme si elle était créée au moment de la compensation

Faits

1. Les faits illustrés dans cet exemple sont identiques à ceux du Graphique 4 de ce rapport. A Co a créé une succursale et une filiale dans le Pays B. Les lois du Pays B permettent à la filiale (B Co) et à la succursale B de former un groupe à des fins fiscales, ce qui permet de compenser les dépenses encourues par la succursale B avec les revenus de la filiale.

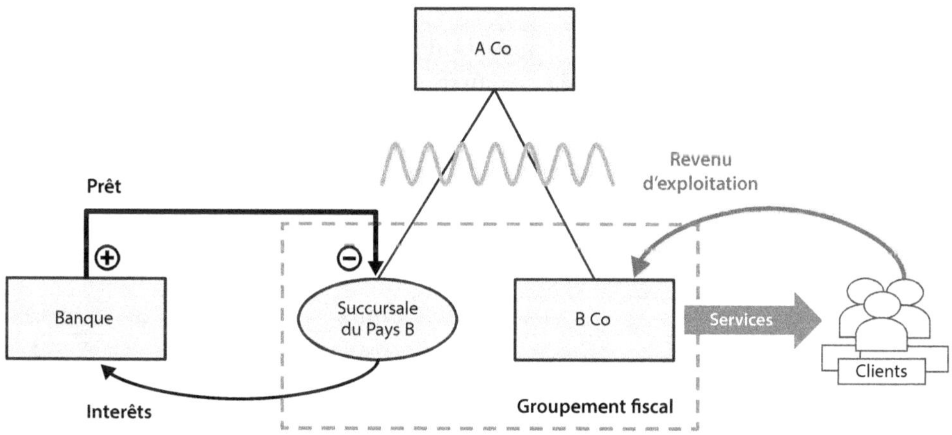

2. Les bénéfices (et pertes) nets de A Co, de la succursale B et de B Co sur une période de 3 ans sont les suivants :

Tableau B.10.1. **Bénéfices (et pertes) nets**

	Année 1	Année 2	Année 3	Total
A Co (hors succursale)	800	800	800	2 400
Succursale	(400)	(200)	300	(300)
B Co	200	300	400	900
Total	600	900	1 500	3 000

3. Si la succursale B est considérée comme imposable en vertu des lois du Pays A, la dépense d'intérêts encourue par la succursale générera des déductions distinctes en vertu des lois des Pays A et B. A Co réclamera la déduction directement dans la déclaration d'impôt déposée par le siège alors que, en vertu des lois du Pays B, cette dépense d'intérêts peut aussi être compensée avec le bénéfice d'exploitation de la filiale (c'est-à-dire avec des revenus non soumis à double inclusion). Ce dispositif permet donc de déduire simultanément une même charge d'intérêts d'éléments de revenu différents dans les juridictions de résidence et de la succursale.

4. Le résultat fiscal attendu dans le Pays A (en supposant que les deux pays appliquent l'impôt au taux marginal de 30 %) sera le suivant :

Tableau B.10.2. **Résultats fiscaux attendus dans le Pays A**

	Année 1	Année 2	Année 3	Total
Résultat net sous le régime du Pays A	400	600	1 100	2 400
Impôt sous le régime du Pays A	(120)	(180)	(330)	(630)
Crédit d'impôt étranger direct			60	60
Montant total de l'impôt payé				(570)

5. Comme le montre le tableau B.10.2, le bénéfice net de A Co inclut la dépense encourue par la succursale pendant les deux premières années. Au cours de l'Année 3, la succursale réalise un bénéfice (peut-être du fait qu'une partie du prêt en cours est effacé par la banque), si bien que son bénéfice net atteint 300.

6. On suppose à cet effet que A Co aura droit à un crédit d'impôt étranger direct pour les impôts payés sur le bénéfice de la succursale (calculé selon les lois du pays A). Par conséquent, le montant net de l'impôt payé dans le Pays A sur cette période de trois ans (compte tenu du crédit d'impôt étranger) sera de 570.

7. Le résultat fiscal attendu dans le Pays B sera le suivant :

Tableau B.10.3. **Résultats fiscaux attendus dans le Pays B**

	Année 1	Année 2	Année 3	Total
Résultat net sous le régime du Pays B	(200)	100	700	600
Report en avant de perte		(100)	(100)	
Revenu soumis à l'impôt	0	0	600	
Impôt sous le régime du Pays B			(180)	(180)
Montant total de l'impôt payé				(180)

8. Comme le montre le tableau B.10.3, le bénéfice net combiné de la succursale B et de B Co inclut une déduction pour la dépense d'intérêts encourue par la succursale pendant les deux premières années. Il en résulte une absence de bénéfice net et des reports de déficits sur les deux premières années au titre des activités du Pays B. Pendant l'Année 3, la succursale et la société deviennent toutes deux bénéficiaires, avec à l'issue un bénéfice net de 700 selon les lois du Pays B et un bénéfice imposable (après déduction des déficits reportés) de 600.

9. L'effet net de ce dispositif est par conséquent que les activités internationales du groupe lui rapportent à la fois un bénéfice net et un bénéfice imposable de 3 000. Cependant, la prise en compte du crédit d'impôt étranger en vertu des lois du Pays A a pour effet que A Co ne paie que 750 d'impôts sur ce bénéfice (pour un impôt attendu de 900).

Question

10. Comment la Recommandation 4 du rapport sur les asymétries impliquant une succursale s'applique-t-elle de manière à neutraliser l'asymétrie des résultats fiscaux issue de ce dispositif?

Réponse

11. La Recommandation 4.3 prévoit qu'une double déduction ne créera d'asymétrie impliquant une succursale que dans la mesure où la juridiction du payeur permet que la déduction soit compensée par un montant qui n'est pas un revenu soumis à double inclusion. Les juridictions doivent disposer d'une latitude suffisante pour effectuer l'ajustement prévu par la règle sur les doubles déductions soit au moment où la déduction est générée, soit lorsqu'elle est effectivement compensée par un revenu soumis à double inclusion en vertu des lois de la juridiction du payeur.

Analyse

12. La Recommandation 4 prévoit qu'une double déduction ne créera d'asymétrie impliquant une succursale que dans la mesure où la juridiction du payeur permet que la déduction soit compensée avec un montant qui n'est pas un revenu soumis à double inclusion. L'ambiguïté relative à la date du refus donne à la juridiction la marge de manœuvre suffisante pour réaliser l'ajustement en vertu de la règle sur les doubles déductions :

a. soit au moment où la déduction est générée (conformément au traitement décrit dans la Recommandation 6.3 de l'Action 2) ;

b. soit au moment où elle est effectivement compensée par des revenus soumis à double inclusion en vertu des lois de la juridiction du payeur.

Ajustements prévus dans le cadre de l'Action 2

13. Le tableau B.10.4 décrit l'ajustement requis en vertu de la règle principale de la Recommandation 4 adoptant les règles sur les différences temporaires qui sont énoncées dans la Recommandation 6.3 de l'Action 2.

Tableau B.10.4. **Ajustement au titre de la Recommandation 4**

	Année 1	Année 2	Année 3	Total
Résultat net sous le régime du Pays A	400	600	1 100	2 400
Ajustement au titre de la Recommandation 4	400	200	(300)	
	800	800	800	
Impôt sous le régime du Pays A	(240)	(240)	(240)	(720)
Crédit d'impôt étranger direct			0	0
Montant total de l'impôt payé				(720)

14. Le bénéfice net qui, autrement, serait pris en compte en vertu des lois du pays A est ajusté en appliquant la règle principale de la Recommandation 4. Pendant les deux premières années, le montant de la déduction revendiquée par l'intermédiaire de la succursale est réduit (étant donné que, durant chacune de ces deux années, la déduction peut être compensée par des revenus non soumis à double inclusion). Au cours de l'Année 3, la succursale dégage un revenu soumis à double inclusion de 300 et la perte qu'elle avait reportée en avant est compensée avec le revenu soumis à double inclusion de cette même année.

15. Bien que le bénéfice de la succursale soit soumis à l'impôt dans le Pays B pendant l'Année 3, le Pays A refuse tout crédit d'impôt étranger pour cet impôt étant donné que le revenu de la succursale est nul en ce qui concerne le Pays A (après déduction des reports de déficits).

Ajustements effectués au moment où le paiement est compensé avec un revenu non soumis à double inclusion

16. Afin de différer l'ajustement en vertu de la Recommandation 4 jusqu'au moment où la dépense est effectivement compensée par un revenu soumis à double inclusion, le contribuable peut avoir besoin de tenir deux comptes d'ordre de la manière suivante :

a. le montant de l'ajustement qui pourrait être effectué en vertu de la Recommandation 4. Ce compte d'ordre est similaire à celui qui figure à la deuxième ligne du tableau B.10.4 et rend compte de la mesure dans laquelle les doubles déductions ont dépassé les revenus soumis à double inclusion au cours de chaque période ;

b. la variation du montant des pertes non utilisées dans la juridiction de la succursale. Ce compte d'ordre ajuste (à la hausse ou à la baisse) le montant du premier compte par référence à la variation du montant de la perte non utilisée dans la juridiction de la contrepartie. Ce compte d'ordre mesure la variation des reports de déficits figurant à la ligne 2 du tableau B.10.3.

17. Le tableau B.10.5 montre l'ajustement requis en vertu de la règle principale si l'ajustement est différé jusqu'à ce que la double déduction soit effectivement compensée par des revenus non soumis à double inclusion dans le Pays B.

Tableau B.10.5. **Ajustement au titre de la Recommandation 4**

	Année 1	Année 2	Année 3	Total
Résultat net sous le régime du Pays A	400	600	1 100	2 400
Ajustement au titre de la Recommandation 4	400	200	(300)	
Variation du report en avant de pertes en vertu des lois du Pays B	(200)	100	100	
	600	900	900	
Impôt sous le régime du Pays A	(180)	(270)	(270)	(720)
Crédit d'impôt étranger direct			0	0
Montant total de l'impôt payé				(720)

Exemple 11

Asymétrie importée

Faits

1. Cet exemple repose sur celui présenté dans le Graphique 5 de ce rapport. Dans cet exemple, A Co fournit des services à une société liée (C Co) par l'intermédiaire d'une succursale située dans le Pays B. Les services fournis par la succursale utilisent des actifs incorporels appartenant à A Co. Le Pays B attribue la propriété de ces actifs incorporels au siège et considère que la succursale effectue un paiement au prix de pleine concurrence afin de rémunérer A Co pour l'utilisation de ces actifs.

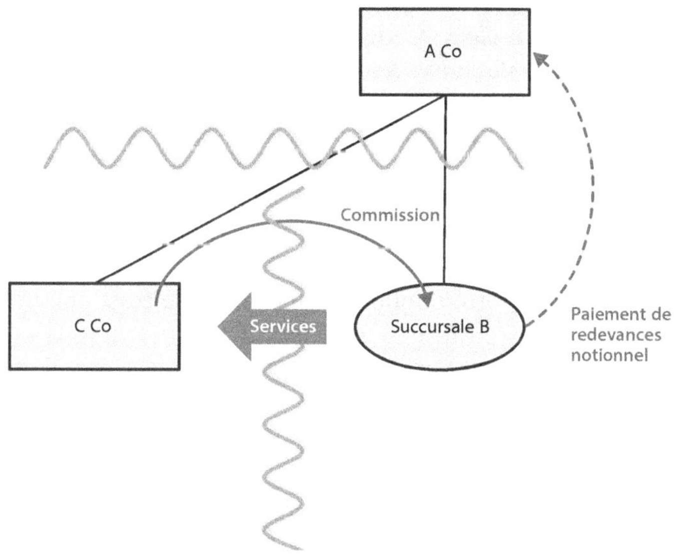

2. Ce paiement réputé effectué est déductible en vertu de la législation du Pays B mais n'est pas reconnu par celle du Pays A (étant donné que ce dernier attribue la propriété des actifs incorporels à la succursale). Dans le même temps, les revenus reçus par la succursale du fait de ces services sont exemptés d'impôt en vertu des lois du Pays A en raison d'une exemption ou de l'exclusion des revenus des succursales dans le Pays A. On suppose qu'il n'existe pas de règle visant à neutraliser les asymétries de résultats fiscaux issues du paiement notionnel, ni dans le Pays A, ni dans le Pays B.

3. En conséquence, la commission (déductible) payée par C Co (considérée comme exemptée d'impôt selon les lois du Pays A) est compensée par une déduction dans le cadre d'un dispositif hybride impliquant une succursale, ce qui aboutit à un effet indirect de déduction/non-inclusion.

Question

4. Comment la règle relative aux dispositifs hybrides importés énoncée dans la Recommandation 5 s'applique-t-elle de manière à neutraliser l'asymétrie des résultats fiscaux issue de ce dispositif?

Réponse

5. Les services payés par C Co seront soumis à un ajustement en vertu de la Recommandation 5 dans la mesure où le revenu provenant du paiement est compensé avec une déduction dans le cadre d'un dispositif asymétrique impliquant une succursale. Néanmoins, la Recommandation 5 ne s'appliquera pas si le revenu de la succursale B était imposable en vertu des lois du Pays A de telle sorte que les services payés à la succursale B ont été traités comme un revenu soumis à double inclusion par le Pays B. Dans une telle situation, la compensation du prix des services avec le paiement réputé avoir été effectué par la succursale ne créerait pas d'asymétrie impliquant une succursale et aucun ajustement ne serait donc requis en vertu de la règle sur les dispositifs hybrides importés impliquant une succursale.

Analyse

Le prix des services est soumis à un ajustement en vertu de la Recommandation 5

6. Un dispositif hybride importé impliquant une succursale est une transaction ou une série de transactions conclues entre des membres d'un groupe sous contrôle commun qui finance directement ou indirectement des dépenses déductibles dans le cadre d'une asymétrie impliquant une succursale.

7. Dans cette situation, le paiement de redevances réputé effectué par la succursale B au profit de son siège social est un paiement effectué au titre d'une asymétrie impliquant une succursale selon la Recommandation 3 et le prix des services payé par C Co à B Co est un paiement déductible finançant directement cette dépense déductible en vertu de ce dispositif asymétrique impliquant une succursale. L'arrangement (y compris l'asymétrie impliquant la succursale et le paiement par C Co) a été conclu entre des membres d'un même groupe, si bien que le paiement des prestations de service sera soumis à un ajustement en vertu de la Recommandation 5.1.

Pas d'asymétrie importée si le revenu de la succursale est imposable en vertu des lois de la juridiction de résidence

8. Un paiement compensé par une déduction en vertu d'un paiement réputé avoir été effectué par une succursale ne doit pas être traité comme s'il avait financé des dépenses dans le cadre d'un dispositif créant une asymétrie importée si ce paiement génère un revenu soumis à double inclusion. Par conséquent, si la succursale B était une succursale imposable (de telle sorte que les prestations de service payées à la succursale B soient incluses dans le revenu dans les Pays A et B), le paiement ne serait pas considéré comme finançant des dépenses dans le cadre d'un dispositif hybride importé impliquant une succursale et aucun ajustement ne serait requis en vertu de la Recommandation 5.

ORGANISATION DE COOPÉRATION ET DE DÉVELOPPEMENT ÉCONOMIQUES

L'OCDE est un forum unique en son genre où les gouvernements oeuvrent ensemble pour relever les défis économiques, sociaux et environnementaux que pose la mondialisation. L'OCDE est aussi à l'avant-garde des efforts entrepris pour comprendre les évolutions du monde actuel et les préoccupations qu'elles font naître. Elle aide les gouvernements à faire face à des situations nouvelles en examinant des thèmes tels que le gouvernement d'entreprise, l'économie de l'information et les défis posés par le vieillissement de la population. L'Organisation offre aux gouvernements un cadre leur permettant de comparer leurs expériences en matière de politiques, de chercher des réponses à des problèmes communs, d'identifier les bonnes pratiques et de travailler à la coordination des politiques nationales et internationales.

Les pays membres de l'OCDE sont : l'Allemagne, l'Australie, l'Autriche, la Belgique, le Canada, le Chili, la Corée, le Danemark, l'Espagne, l'Estonie, les États-Unis, la Finlande, la France, la Grèce, la Hongrie, l'Irlande, l'Islande, Israël, l'Italie, le Japon, la Lettonie, le Luxembourg, le Mexique, la Norvège, la Nouvelle-Zélande, les Pays-Bas, la Pologne, le Portugal, la République slovaque, la République tchèque, le Royaume-Uni, la Slovénie, la Suède, la Suisse et la Turquie. La Commission européenne participe aux travaux de l'OCDE.

Les Éditions OCDE assurent une large diffusion aux travaux de l'Organisation. Ces derniers comprennent les résultats de l'activité de collecte de statistiques, les travaux de recherche menés sur des questions économiques, sociales et environnementales, ainsi que les conventions, les principes directeurs et les modèles développés par les pays membres.

ÉDITIONS OCDE, 2, rue André-Pascal, 75775 PARIS CEDEX 16
(23 2017 07 2 P) ISBN 978-92-64-27880-6 – 2017

www.ingramcontent.com/pod-product-compliance
Lightning Source LLC
LaVergne TN
LVHW080658011026
849160LV00014B/1476